イーロン・マスクの野望

救世主なのか、悪魔なのか

カナダ人ニュース
やまたつ 著

ビジネス社

はじめに

「トランプ関税」とそれに伴う世界市場の大暴落が、本書執筆の仕上げの段階で世界を騒がせることになりました。

超大国アメリカにより、またもや世界秩序に大きな変革が起きています。大手メディアはトランプ批判一色ですが、どちらが正しいのかは、これからの数年でわかることになるでしょう。

さて、時計の針を戻します。２０２４年11月5日、世界が注目したアメリカの大統領選挙の投開票日を迎えました。

結果は誰しもが知るとおり、共和党ドナルド・トランプ候補の完勝。大統領選挙だけでなく、同時に実施された連邦上院議会の過半数奪還、下院議会の過半数維持と、行政府、立法府を共和党が支配することが決まりました。

さらに、第一次トランプ政権時に、３人の保守派判事を連邦最高裁判所の判事に送り込むことに成功していたため、９人の判事のうち６人が保守派判事という、司法府も保守派である共和党寄りであり、パワーバランスは完全に保守共和党に傾いています。

もちろん、共和党の中には、スーザン・コリンズ連邦上院議員、リサ・マコウスキー連邦上院議員のような、中絶以外では思想が完全にリベラル民主党の議員や、ミッチ・マコーネル連邦上院議員のような、とにかくトランプに反対する議員、通称RI《ライ》NO《ノ》（Republicans In Name Only／名ばかり共和党員）もいますので、実際は共和党支配ではないところはありますが、それでも第二次トランプ政権が発足することが決まったことに大きな意味があります。

２０２０年選挙は盗まれたものでした。陰謀論でも何でもなく、２０２０年選挙はたったの「2万1500票」で、バイデン民主党が盗んだものです。

この意味がわからない人は、拙著『日本人が知らない「陰謀論」の裏側』（徳間書店）をご一読ください。誰が何と言おうと、２０２０年選挙は不正なもので、トランプ勝利で間違いありません。

しかし、振り返ってみますと、あの盗まれた選挙、4年間のバイデン民主党によるアメリカの破壊、連動して起きた世界秩序の崩壊は、「結果オーライ」と言えるものなのではないかと思っています。

多くの犠牲があったことは間違いありませんが、バイデン民主党により、左翼の恐ろしさ、民主党の腐敗ぶり、トランプという男の正体に気づけた人が増えたのではないでしょうか。

２０２４年大統領選挙前、大手メディアは相変わらずのトランプ攻撃、民主党支援に終始していました。「レイシスト」「Convicted Felon（重犯罪で有罪）」「民主主義の脅威」「独裁者」「ナチス」「ヒトラー、スターリン、ムッソリーニの生まれ変わり」と、言いたい放題でした。

ところが、選挙で投票したアメリカ有権者の過半数は、大手メディアやテレビのコメンテーターらが口を揃えて「独裁者」と称するトランプに投票。これは２０２０年大統領選挙、２０２２年中間選挙のときには決して見ることができなかった光景で、大手メディアがどう言おうが振り回されず、自分の頭で考えることができた人が増えた証です。

バイデン民主党政権により、アメリカは内部から破壊されました。インフレ爆発や治安の悪化という、実害を被ることで「痛み」を知った人々が理想と現実の差を認識するきっかけになり、変わることができた人が増えたのです。〝The World's Richest Man〟「世界一の金持ち」のイーロン・マスクもその一人です。

２０２４年大統領選挙におけるマスクの活躍は素晴らしく、間違いなくトランプ勝利に貢献したと言えます。マスクのおかげで言論の自由が守られたことも間違いありません。

第二次トランプ政権では、〝Department of Government Efficiency〟（政府効率化省）、頭文字をとって、通称ＤＯＧＥ（ドージ）のトップとして、暴発寸前にまで肥大化したアメリカ政府のスリム化と無駄な支出の削減を担っています。

トランプ大統領の信頼も厚く、正式に大統領に就任する前から、トランプ大統領らと緊密に連携し、スムーズな政権発足に貢献しています。

資金面だけでなく、発言力もあるマスクですが、さて、どこまで信頼できる人物なのでしょうか。

大手メディアは都合の悪いことをズバズバ言うマスクのことを嫌っていますので、基本的にマスクを叩きまくっています。マスクを褒める報道よりも、悪口報道ばかりを目にするでしょう。

「大手メディアが悪いというもの」は、本書を手に取るような方々からすると、「良いもの」と判断する人もいるのではないでしょうか。私のように（笑）。

しかし、マスクと中国のつながりを考えると、100%信用していいかというと、疑問が残ります。

本書では世界に大きな影響力をもつ超大国アメリカで、影のリーダーとも言われるほど影響力をもつイーロン・マスクの正体を紐解いていきます。

第1章では、マスクのこれまでの政治思想の変遷、第2章では、マスク率いる「政府効率化省（DOGE）」の活躍、第3章で中国とマスクの関係性、第4章は「イーロン・マスク」というフィルター越しに見るアメリカや世界の状況をまとめていきます。日本の同盟国であるアメリカが大きく変わろうとしています。大変革の中心にいるのがマスクであり、マスクを知ることはアメリカを知り、世界を知ることにもつながります。

本書が読者の皆さまの世界情勢を見つめていく上での参考になれば幸いです。

Contents

Contents

第1章

世界一の大富豪になるまで

~The World's Richest Man~

奇才イーロン・マスクが誕生するまで

商才ある父エロール・マスク

1971年6月28日、南アフリカ共和国プレトリアでマスクは生まれます。平凡な家庭に育ったマスクは……ということは一切なく、後に世界一の大富豪になるのも納得のDNAを両親から受け継いでいました。

南アフリカ人の父エロール・マスクはイーロンを含めた7人の子供を授かり、そのうちの2人は義理の娘との間の子供です。エロールの発言を息子イーロンは否定していることもありますので、何が真実かはわからないところもありますが、エロールの証言をいくつか紹介します。

2015年7月2日『フォーブス』掲載のエロールのインタビューによると、エロールの両親は南アフリカで初めて単一エンジン搭載の飛行機によるオーストラリア渡航をし、祖母はカナダで初めてのカイロプラクター師になったことを明かしました。

１９７２年、エロールは南アフリカ共和国プレトリアの市議会議員に当選していました。急進派党の党員として活動し、アパルトヘイトに反対していました。

エロールはエンジニアとして働くだけでなく、ザンビアのエメラルド鉱山を部分所有していたことがあると『ビジネスインサイダー』に明かしています。

飛行機のパイロットライセンスをもつエロールは１９８０年中ごろ、共同パイロットと共に南アフリカからイギリスに向かっていました。搭乗していた飛行機を売却することが目的でした。

経由地のサウジアラビアが到着日に宗教休日ということを給油地のジブチで知り、予定どおり向かい２０００ドルの余計な経費をかけるか、予定変更し10日待つかを選択することになり、エロールらは予定を変更することにしました。

そのとき知り合ったイタリア人が、エロールらの飛行機に興味を示し、８万ポンドの現金で買い取ることになりました（現在価格で約32万ポンド、日本円で６２００万円ほど）。

同時にその人物から、「その現金で、エメラルド鉱山の半分の所有権を買わないか」と提案され、エロールは現金ではなく、エメラルド鉱山の所有権を得ることにしました。「扱いきれないほどの資産を築いた」と言うほど、エメラルド鉱山による収入は大きかったよう。

エロールが言うには、あるとき長男のイーロンと次男のキンバルはポケットにエメラルドを入れ、ニューヨークの宝飾店ティファニーを訪れました。兄弟は二つのエメラルドをティファニーに売却し、８００ドルと１２００ドルを手にすることができました。

後に彼らがティファニーを訪れたところ、指輪に加工されたエメラルドが2・4万ドルで販売されていて、実に30倍の価格になっていることを知り、「どのように小売業が機能するのか」を学んだ例だとインタビューで話しています。

また、『ローリングストーン』や『サン』のインタビューに、7人の武装強盗団が自宅に押し入ったとき、3人を射殺したことがあると明かし、正当防衛として罪に問われることはなかったといいます。

モデルでもある美貌の母メイ・マスク

１９７０年、エロールは高校時代に出会ったメイ・ホールドマン（旧姓）と結婚します。

現在はイーロンの母として知られるメイ・マスクは、カナダで生まれました。家族でプロペラ機に乗り世界を放浪し、南アフリカ共和国に落ち着きました。

メイは１９６９年にミス南アフリカ共和国のファイナリストに選ばれるほどの美貌で、モデルとして『タイム』や『ヴォーグ』のような、名だたる著名雑誌の表紙を飾るといった活躍をしています。

１９７９年にメイとエロールは離婚、メイは娘トスカを連れてカナダに戻り、イーロンは父の元に残ることを決めたのでした。

イーロンは後にこの決断を後悔し、エロールは「ひどい人間」で「考えられる犯罪のほとんどを、彼は犯してきた。あなたが考えうるほとんどすべての邪悪なことを、彼はしてきたんだ」と『ローリングストーン』のインタビューで話しています。

壮絶ないじめにあったマスクの幼少期

マスクはアスペルガー症候群であることを公言しています（コミュニケーションや興味に偏りがあるが、言語発達は良好な、先天的な発達障害の一種）。

学校で対人関係に悩み、壮絶ないじめを経験。学校で暴力を振るわれることが日常茶飯事で、弟が「どこに目があるのかわからなかった」と、イーロン・マスクの自伝『イーロン・マスク』（ウォルター・アイザックソン著　井口耕二訳）で語るほど暴力を受けたこともありました。しかし、1週間入院して帰ってきたマスクに父エロールは「大ばかだ」「ろくでなしだ」と、なぜか息子を責め、暴行した生徒を擁護。両親の離婚もあり、家庭が裕福であったとしても、決して恵まれた環境ではなかったといいます。

10歳のときに初めてコンピューターに触れ、独学でプログラミングを学びます。そして、12歳で『Blastar』と名付けたシューティングゲームを独自のプログラミングで開発。宇宙を舞台に宇宙船を破壊するというもので、地元の企業に売り込み、500ドルで売却することに成功します。

中学1年生前後で、すでにモノをつくり、収益を得ることに成功していたのです。

1989年6月、マスクは母メイがカナダ国籍であることにより、カナダパスポートを取得して渡加。1990年にカナダのオンタリオ州キングストンにあるクイーンズ大学に入学、1991年にはアメリカのペンシルベニア大学に編入し、1995年に物理学学士号と経済学学士号を取得します。

その後、スタンフォード大学に入学しますが、ドットコムバブルのチャンスを逃すまいと、数日で退学したのでした。

世界一の大富豪への道

1990年代前期〜2000年代初期にかけて、アメリカではドットコムバブルやインターネットバブルと呼ばれる、インターネット関連企業が急成長した時期にありました。

マスクは1995年に弟のキンバルらと『ジップ2』を設立。地図や道案内、イエローページ（日本のタウンページ）などを備えたインターネット上のシティガイドを新聞社に提供し、『ニューヨークタイムズ』のような大御所（左翼）メディアが顧客の一つになりました。

１９９９年に『ジップ2』をコンパック社に売却、マスクは約２２００万ドルを得て、その資金を使って『X.com』を設立します。『X.com』は、オンライン金融サービスと電子メール決済を提供し、連邦政府が保証する最初のオンライン銀行として、設立数カ月で20万人以上の顧客を獲得することに成功します。

翌年、同業他社の『コンフィニティ』が『X.com』を買収し、後に『ペイパル（PayPal）』として、現在も世界中で利用されているサービスにまで成長します。

２００２年に『ペイパル』は『イーベイ』に15億ドルで買収され、マスクは保有していた約11％の株式から、約１・７億ドルを得ています。

２００４年、この資金のうち６３０万ドルを電気自動車メーカー『テスラ』に投じ、マスクはＣＥＯに就任しました。また、２００２年の『スペースX』の立ち上げにも使われています。

２０１５年12月にＡＩ（人工知能）のチャットＧＰＴで有名な『オープンＡＩ』を現ＣＥＯのサム・アルトマンらと共同設立。立ち上げ資金のほとんどはマスクが出資したものです。非営利団体として活動しましたが、マスクは経営戦略でアルトマンらと対立し、２０１８年２月に辞任しました。

２０１６年７月に『ニューラリンク』を共同設立。マスクはＡＩにより、人類が将来的に消滅させせられてしまう懸念をもっていて、ＡＩと共生することができるよう、人間の脳をコンピューターと接続できるような未来を最終目標にしています。脳にチップを埋め込む手術について、マスクは６００秒の手術時間で、１０００ドル〜２０００ドル程度の低コストにできるのではないかと言及しています。

現在は身体に麻痺をもつ人の治療法にならないかどうかの模索から始め、治験が始まっています。ニューラリンクの現在の評価額は50億ドル〜80億ドル程度と試算されています。

２０１７年１月11日に、トンネル採掘会社『ボーリング・カンパニー』を設立し、低予算で高速トンネル掘削を可能にすることで、都市部の渋滞解消を目指しています。２０２５年２月13日には、中東ドバイのトンネル掘削事業の契約を結び、世界規模の活動をしています。

２０２２年10月の『ツイッター』買収は、総額４４０億ドルという、世界一の大富豪だからこそはたせたものでした。

これは図星を突かれる発言を「ヘイト」「誤情報」として攻撃することで言論封殺できていた左翼を発狂させることにもなり、「マスクがツイッターを買収後、ヘイト発言が急増した」という、捏造したデータを基に騒ぐ左翼活動家も現れ、ツイッターへの広告掲載ボイコットの呼びかけもありました。ご存じのとおり、現在は『X』に名称が変更されています。

2023年7月12日、マスクは『xAI』設立を発表します。「宇宙の本質を理解すること」というマスクらしい目標を掲げ、自身が立ち上げに携わったチャットGPTの代替になるAI開発に着手しています。『X』(旧ツイッター)の投稿をAIの学習に利用しています。

2025年2月時点のマスクの総資産額は約4200億ドル(1ドル=155円換算で65兆円)で、世界1位。個人資産額が4000億ドルを超えたのは、マスクが史上初です。

マスクの政治思想はどのように変化したか

政治献金と投票先

マスクがアメリカ市民権を取得したのが2002年。アメリカの投票権を得て、政治献金が可能になったわけですが、投票先、政治献金先を見ると、4段階に分けてマスクの政治思想に変化があったことが見えてきます。

まずは投票先、政治献金先をまとめていきます。アメリカでは個人の政治献金の履歴を『オープンシークレット』というサイトで閲覧することができます。マスクは2002年に初めて州選挙政治献金をしていますが、州選挙まで入れると全部で300件を超えますので、州選挙と連邦議員に対する少額献金は省略します（少額献金では、共和党と民主党、両政党の候補者にバランスよく献金しています）。

2003年〜2004年（初めての連邦選挙政治献金）

・共和党ブッシュ大統領再選キャンペーンに2000ドル
・民主党ケリー大統領候補キャンペーンに2000ドル

2007年〜2008年

・民主党オバマ大統領候補キャンペーンに2300ドル
・民主党ヒラリー大統領候補キャンペーンに4600ドル
・共和党連邦議員全国委員会に2万5000ドル
・オバマに投票

2011年〜2012年

・民主党オバマ大統領再選キャンペーンに3万5800ドル
・民主党全国委員会に3万800ドル
・オバマに投票

2016年

・民主党ヒラリー大統領候補キャンペーンに5000ドル
・ヒラリーに投票

2017年～2018年

・共和党連邦議員全国委員会に3万9600ドル
・共和党マッカーシー元下院議長の選挙キャンペーンに5万ドル
・共和党多数席委員会PAC（Political Action Committee＝政治活動委員会：政治資金団体の略）に5000ドル
・民主党ファインスタイン連邦上院議員の選挙キャンペーンに1万8800ドル
・民主党中間選挙基金に2500ドル
・民主党連邦上院キャンペーン委員会に3万3900ドル
・民主党連邦下院キャンペーン委員会に3万3900ドル

２０２０年

・大統領選挙キャンペーンにはいずれの候補にも献金せず
・共和党３人と民主党４人の連邦上院議員に２８００ドル（合計1万９６００ドル）
・バイデンに投票

２０２１年

・共和党全国委員会に９６０ドル

２０２２年

・「かつて私は民主党に投票していた。民主党は（ほとんどの人が）親切な政党だったからだ。しかし、彼らは分裂と憎しみの党になってしまった。私はもう彼らを支持することはできず、共和党に投票するつもりだ。さて、私に対する彼らの汚いトリックキャンペーンが展開されるのを見てみようじゃないか」とXに投稿
・その後、初めて共和党に投票したことを明かした

2024年

・約3億ドルをあらゆる共和党支援に使用
・2024年7月13日トランプ大統領暗殺未遂事件直後、「トランプ完全支持」を表明

中道派からMAGAへと転換

マスクの政治献金、投票先から、4段階で考え方が変化していったのがわかります。

①　2003年〜2020年：ビジネス優先

2003年〜2020年までは、政治献金は共和党・民主党にほぼ同等であることから、「国をこう変えたい」というよりも、ビジネスに悪影響が出ないようにすることを意識していたことがわかります。マスクの関わっている会社は連邦・州政府から多額の補助金を受け、契約を交わしていますし、政府による規制・管理の対象になるような活動が中心だからでしょう。

投票先は民主党であることから、民主党寄りの中道派だったといえます。マスクは

2020年12月にテキサス州に引っ越していたことを明かすまで、民主党優勢のブルーステートであるカリフォルニア州在住でしたので、そのように民主党に若干偏るのは納得いきます。なお、後述しますが、マスクは第一次トランプ政権時にアドバイザーに任命されていましたが、政権発足半年ほどで辞任しています。

② 2020年～2022年：民主党の異変に気づく

マスクが民主党から離れるきっかけは二つありました。

一つ目はコロナ規制です。民主党が支配する州・都市では厳しいコロナ規制がありました。マスク着用義務、ワクチン接種義務、ロックダウン。加えて、バイデン政権発足後は、ワクチンやマスク、ロックダウンの効果や安全性に一切の反論・疑問を許さない空気感と徹底した検閲もあり、中国や北朝鮮のような独裁国家化していました。『ウォールストリートジャーナル』のインタビューによると、カリフォルニア州の税金が高いこと、規制が厳しいことは、カリフォルニア州を離れるきっかけにもなっていました。

もう一つが、過激なLGBTQ推進政策です。マスクの子供のうちの1人はトランスジェンダーを自認し、性転換手術を受けています。子供を性転換させたことをマスクは後悔していて、民主党や左翼活動家による「子供の洗脳」を問題視しています。詳しくは後述します。

左翼に乗っ取られた民主党は、急速に左傾化していきました。「マスク〝が〟民主党〝から〟離れた」と先述しましたが、正しくは、左傾化していった「民主党〝が〟マスク〝から〟離れていった」のでしょう。

③ 2022年〜2024年7月：共和党支持

バイデン政権発足後数カ月で、アメリカが民主党によって内部から破壊され始めた

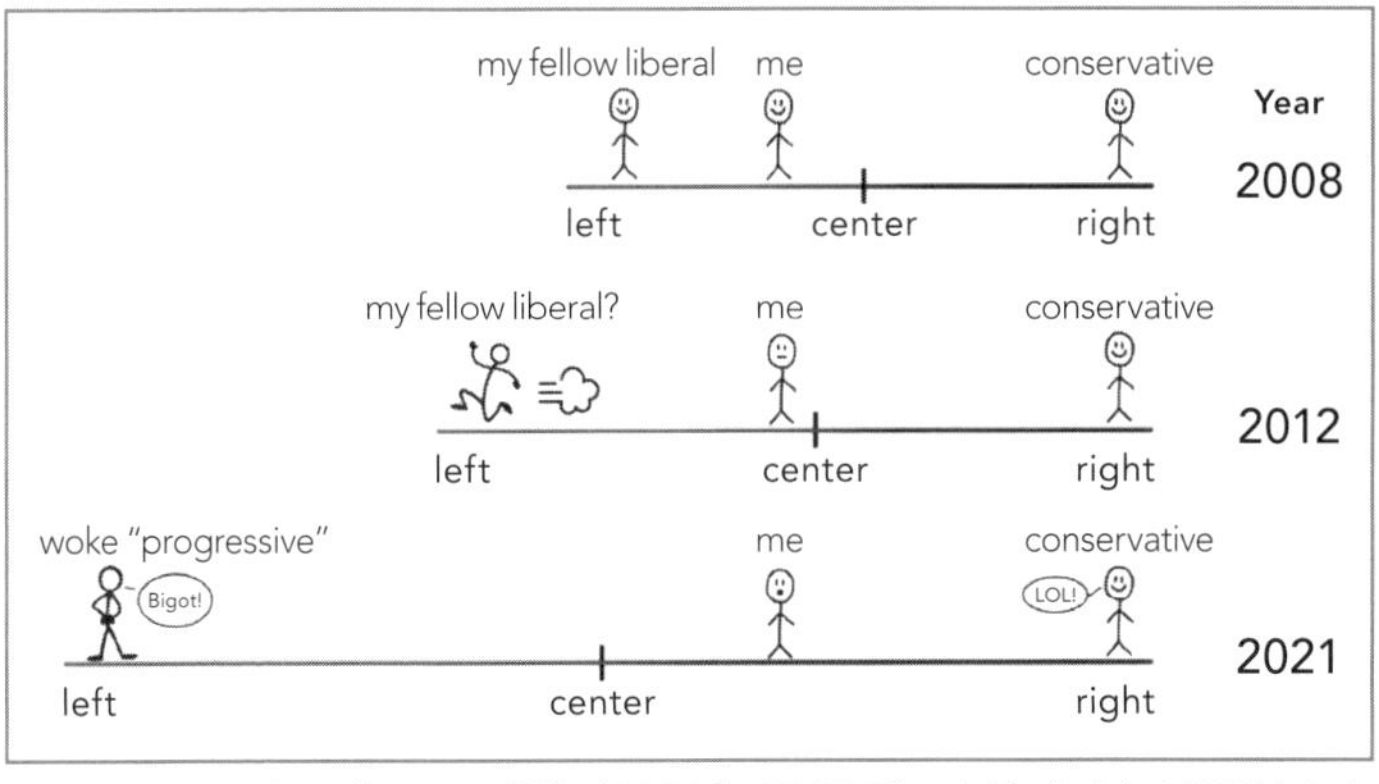

イーロン・マスクの「X」への投稿（2022年4月29日）。左派（left）が過激化したことで、「中道」の位置が変わり、「右派」に自然と近づいたことを示している。

のは明らかでした。南部国境が崩壊し、とてつもない数の不法移民が流入。治安の悪化。インフレ爆発。マスクが住むテキサス州は不法移民問題がモロに直撃している場所です。「分裂と憎しみの党」と民主党を表現するほど、マスクは民主党に見切りをつけ、共和党支持に変わりました。

2022年中間選挙では共和党への投票を呼び掛けましたが、2024年大統領選挙の共和党内予備選挙（共和党内の大統領候補を絞る選挙）では、トランプ大統領の支持やMAGA派にまではなっていませんでした。

④ 2024年7月13日～現在：MAGA

共和党支持に傾いたマスクですが、トランプ大統領の支持表明はしていませんでした。しかし、2024年7月13日にペンシルベニア州バトラーで発生したトランプ大統領暗殺未遂事件をきっかけに、正式にトランプ大統領支持声明を出し、全力のMAGA応援団として、トランプ共和党を支援する強力な後ろ盾になりました。

選挙後、トランプ政策を推進するため、DOGE（政府効率化省）のトップとして、アメリカ連邦政府機関改革で成果を出しています。

LGBTQ運動支持から反対へ

LGBTQ運動推進派の過去

今でこそ、左翼が浸透させている過激なLGBTQ運動を批判しているマスクですが、その恐ろしさや弊害に初めから気づいていたわけではありません。

2018年6月25日、電気自動車メーカー『テスラ』の公式Xアカウントが3枚の写真と共に、「チームテスラがプライド月間を祝福します」と投稿。この投稿に対して、651件のコメントがつきました。現在は削除されていて、誰がどのような投稿をしたのか詳細が不明なコメントに、マスクが翌日反応。マスクの反論の内容から、その投稿はプライド月間を祝福しているテスラを批判するコメントだったと推測できます。

マスクは2017年12月14日のテスラの公式Xアカウントの投稿を引用し、「テスラがLGBTQの平等に関して4年連続で100／100を獲得したことを本当に憎むだろう」と投稿。さらに「それが問題なら、私たちの車（テスラ）を買うな。人は心の赴くままに自由に生きるべきだ」と投稿しています。

マスクが引用したテスラの公式アカウントの投稿は「LGBTQの平等において4年連続で100点満点を獲得できたことを大変誇りに思います。LGBTQインクルージョンを私たちの文化の重要な一部にしてくれているテスラの皆さんに感謝します」と、企業平等指数の評価で満点を得たことを発表するものでした。

企業平等指数とは、『DEI』プロジェクトといって（後述します）、LGBTQ思想を社会に浸透させるために左翼が発明したものですが、マスクは「多様性」という

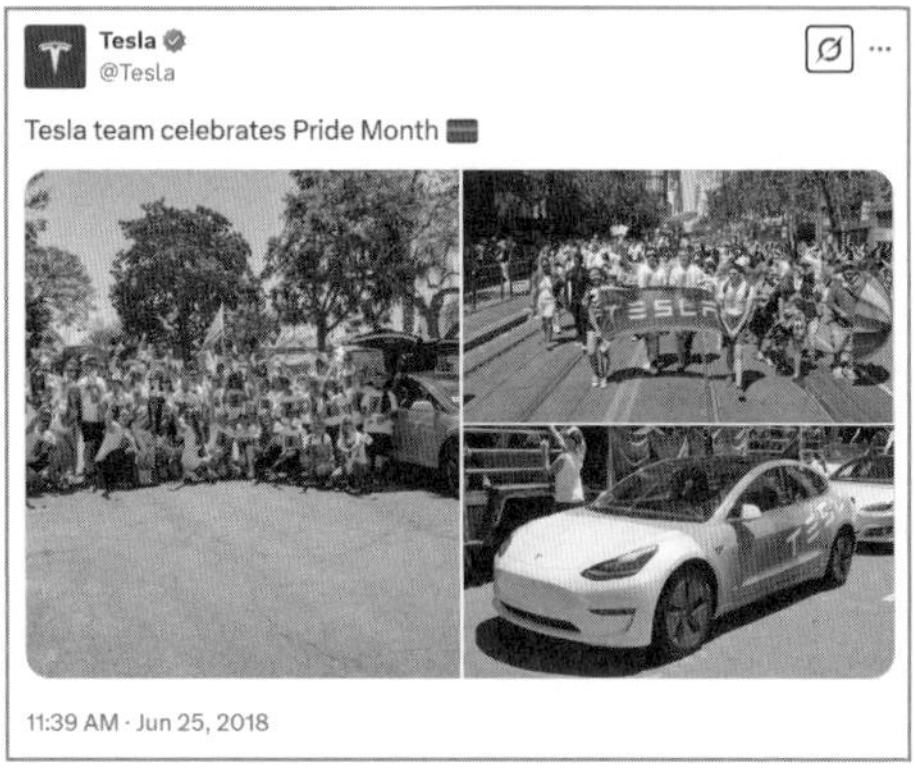

テスラの「X」への投稿（2018年6月25日）。LGBTQの運動であるプライド月間への共感を示したもの。

言葉でＬＧＢＴＱ思想浸透に力を入れていたのです。

ＬＧＢＴＱカルトに気づく

３度の離婚を経験しているマスクは、双子と三つ子を合わせた12人の子供の父です。最初の妻カナダ人作家のジャスティン・ウィルソンとの間に６人の子供を授かりますが、最初の子供は生後10週で急死してしまいます。

２００４年４月15日、双子の兄弟を授かります。兄はザビエル・アレクサンダー・マスク、弟はグリフィン・マスクと名付けられました。

ザビエル・アレクサンダーは第８学年（日本で中学２年生相当／13歳〜14歳）で、ゲイであることを告白。16歳にはトランスジェンダーだと自認し、ジェンダー・アファーミングケアを受ける許可を両親に求めます。

マスクは難色を示しましたが、「治療をしなければ、自殺するかもしれない」と説得され、了承したことを明らかにしています。

マスクはこの決断を後悔しているといいます。虹色で隠された過激なＬＧＢＴＱ思想の危険性に気づいたのです。

危険を伴うジェンダー・アファーミングケア

マスクが自分の息子（現在は娘）に受けさせたジェンダー・アファーミングケアとは、性別違和（ジェンダー・ディスフォリア）をもつトランスジェンダーやノンバイナリーの人に対する、内科・外科・メンタルヘルスケア・非医療サービスの総称です。これは4段階で進められます。

第一段階：ソーシャル・アファーメーション

年齢を問わず、いつでも始められ、髪型・服装・名前・ジェンダープロナウン（代名詞のheやsheなど）・トイレや更衣室などを、性自認に合わせて変えることです。

第二段階：二次性徴抑制ホルモン治療

小学生高学年～中学生くらいにかけて、男性・女性としての急激な発達が見られる第二次性徴を迎えます。ここで、ホルモンの分泌を抑えることで、成長を止め、その後のホルモン治療に移行しやすくします。

一般的に使用される薬剤は、『前立腺がん』『子宮内膜症』の治療薬として承認されていますが、性別違和の治療薬としては承認されていません。違法ではありませんが、抗がん剤を子どもたちに転用しているのです。

二次性徴抑制ホルモン治療は、“Reversible”（元に戻せる）とされていますが、「骨がもろくなる（骨粗鬆症《こつそしょうしょう》）リスク」「脳の発達に悪影響が出るリスク」が指摘され、2016年に副作用リストの中に自殺が追加されています。

第三段階：ホルモン治療

二次性徴抑制ホルモンの投与が終われば、次はホルモン治療です。自分自身がなりたい性別になるために、男性であれば女性ホルモンのエストロゲン、女性であれば男性ホルモンのテストステロンを投与します。

重大な副作用として不妊リスクがあります。

マーシーカトリックメディカルセンターの最新の研究によると、ホルモン治療は虚血性脳卒中のリスクがほぼ7倍、心筋梗塞のリスクが6倍近く、肺栓塞症のリスクが5倍あると報告されています。

研究チームは直接の因果関係があると断定はできないとしていますが「ホルモン治療は多くの副作用があり、リスクがないものではない」と取材で話しています（『エポックタイムズ』２０２３年2月27日記事）。

第四段階：ジェンダー・アファーミング手術（性別適合手術）

ホルモン治療を済ませたら、最後は外科手術です。女性であれば『トップ手術』、胸を切除します。『ボトム手術』は男性器、女性器などを切除する手術です。近年では、トップ手術（胸の切除）に関しては、未成年の段階で行われるケースも増えてきています。

本筋と外れますので、ジェンダー・アファーミングケアの詳細は拙著『北米からの警告』（徳間書店）、『裸の共産主義者』（アマゾン）を参考にしていただきたいですが、「ジェンダー・アファーミングケアは安全で効果がある」という主張は間違っていて、過激なＬＧＢＴＱ思想を浸透させたい左翼活動家が主張している誤情報です。ジェンダー・アファーミングケアを推進する連中の決まり文句が「ジェンダー・アファーミングケアを受けなければ、あなたの子供は自殺する」です。

実際は、成長期の不安定な精神状態、精神疾患、発達障害が原因であることが多く、ジェンダー・アファーミングケアを受けたところで改善はなく、むしろ改善がないため後戻りできずに突き進むしかなくなるケースがあるのです。

マスクの息子に起きたことが当てはまるかどうかは不明ですが、数年後に答えがわかるかもしれません。

２０２５年2月25日に『Oxford Academic Journal of Sexual Medicine』に「ジェンダー・アファーミングケアは、性同一性を確認する上では有益であるが、精神的健康問題のリスク増大と関連しており、トランスジェンダーの術後の継続的で性別に配慮した精神的健康サポートの必要性を強調している」と結論付ける研究結果が発表されています。

研究では10万７５８３人の性別違和をもつ患者を、ジェンダー・アファーミングケアを受けた患者と受けていない患者に分けて比較。ケアを受けた患者は、うつ病、不安、自殺念慮、薬物使用の障害のリスクが有意に高いことが示されたのです。

男性では、うつ病（治療有25・4％：治療無11・5％）と不安症（治療有12・8％：治療無2・6％）が高く、女性も同様の傾向を示し、うつ病（治療有22・9％：治療無14・6％）、不安症（治療有10・5％：治療無7・1％）という結果でした。

ジェンダー・アファーミングケアを受けて息子が娘に

マスク家族は離婚後に離れて住んでいましたが、マスクは父親として親権をもっており、カリフォルニア州の州法規定では、未成年者がジェンダー・アファーミングケアを受けるには、両方の親からの了承が必要でした。

2020年のコロナ禍真っ只中、ザビエル・アレクサンダーはジェンダー・アファーミングケアを受けることを求めますが、父イーロンはすぐに許可をすることはありませんでした。しかし、説得された末に、マスクは息子がホルモン治療を受けることを了承したのでした。

息子ザビエル・アレクサンダーは当時16歳でした。

２０２２年４月18日、18歳成人になって数日後、ザビエル・アレクサンダー・マスクはロサンゼルス裁判所に性別の変更と改名の申し立てをします。

６月22日、異議申し立てがなかったことから、ヴィヴィアン・ジェナ・ウィルソンと改名することが認められました。

ウィルソンは申立てで「どんな形であれ、もう実父とは一緒に住んでいないし、関わりたくもない」と、父イーロンとの絶縁を改名理由に挙げていました。

「息子」を失ったマスク

２０２４年７月22日に『デイリーワイヤー』で公開されたマスクと心理学者ジョーダン・ピーターソンの対談で、マスクは息子を性転換させたことを振り返っています。

「息子の（ジェンダー・アファーミングケアを受ける）書類に騙されて署名した」と話しています。

「何が起きているのか本当に理解する前に署名してしまった。このときはコロナ禍でもあり、混乱があった」と振り返り、「息子はこのままだと自殺する」という話を鵜呑みにしてしまったことを後悔しているようでした。

２０２３年3月16日、マスクはXで「大人たちからプロパガンダを聞かされてはね。どの子供も人格やアイデンティティが結晶化する前にアイデンティティの危機を経験する。従って、少なくとも18歳までは、後悔するかもしれないような重度で不可逆的な手術や不妊治療薬を許可すべきではない」と投稿。

これは、ミネソタ州知事ティム・ワルツがジェンダー・アファーミングケアの権利を保障する州知事令に署名したことに関して、副州知事のペギー・フラナガンが会見で話したことに対するマスクの反応でした。

フラナガン副州知事は、「子供たちが自分たちのことを話してくれたら、耳を傾け、それを信じるのが大人である私たちの仕事だ。それが良い親であるということだ」という、子供に対する典型的な過激ＬＧＢＴＱ思想の洗脳を、聞き心地のいい言葉で正当化する発言をしていました。

コロナ禍のロックダウンが引き金に

カリフォルニア州からテキサス州へ

アメリカ50州は3種類に分けることができます。①共和党支持者が多い保守の州で、共和党のイメージカラーの赤から「レッドステート」と呼ばれる州。②民主党支持者が多いリベラルの州で、民主党イメージカラーの青色から「ブルーステート」と呼ばれる州。③大統領選挙で勝敗を分ける激戦州の「スイングステート」は、赤と青を混ぜた紫色から、「パープルステート」と呼ばれることもあります。

マスクはアメリカでのビジネスをカリフォルニア州で始めましたが、現在はテキサス州に移転しています。西海岸のカリフォルニア州はブルーステートの筆頭格、アリゾナ・ニューメキシコ州を挟んでアメリカ南部に位置するテキサス州はレッドステートの筆頭格といえる保守の州です。

マスクが経営するビジネスの本社を、リベラルの強いカリフォルニア州から保守の強いテキサス州に移したのは、政治的理由が背景にありました。

テスラの年次株主総会が2021年10月7日に、テキサス州で建設中だった自動車生産工場で開催され、テスラ本社をカリフォルニア州パロアルトから、テキサス州オースティンに移転することが発表されました。

2020年コロナ禍、テスラのフリーモント工場は、ロックダウン政策の一環で操業停止命令を受けます。これに対しマスクは「誰かが家に残りたければ、それは素晴らしいことで、家に残ることは許されるべきだし、家を出ることを強制されるべきではない。しかし、家から出られない、出れば逮捕されるというのはファシストだ。これは民主主義ではない。これは自由ではない。自由を返せ」と2020年4月の第1四半期経営報告で発言、5月にはフリーモント工場のあるアラメダ郡を提訴しています。

テスラ本社の移転理由は、カリフォルニア州では生活コストが高すぎること、アクセスが悪いことを挙げていましたが、2020年5月9日のXへの投稿で「率直にいって、これが最後の藁だ。テスラは今後、本社と将来のプログラムを即座にテキサス州とネバダ州に移すだろう。フリーモントの生産活動が維持されるとしても、それはテスラが今後どのような扱いを受けるかにかかっている。テスラはカリフォルニア州に残された最後の自動車メーカーだ」と投稿していましたから、全体主義独裁思想の強い民主党が支配するカリフォルニア州のロックダウン政策が引き金になっていたといえるでしょう。

宇宙事業を手掛ける『スペースX』とSNS企業『X』の本社は2024年7月16日に、カリフォルニア州からテキサス州に移転することが発表されました。

カリフォルニア州知事ギャビン・ニューサムが「学校は生徒の性的指向、性自認、または性表現に関連する情報を、生徒の同意なしに他者に開示することを禁止する」法案に署名、成立させました。保護者に子供がトランスジェンダーと自認していることや、学校で名前やプロナウンを変えていることを通達しないようにする法律です。

マスクは「子供たちを守るために家族や企業をカリフォルニアから追い出すことになる」として、本社移転を発表しました。共産主義者は子供を標的にします。活動家に育て上げるためです。現代ではＬＧＢＴＱ運動がそれに使われています。

2024年、大統領選挙でのマスクの活躍

トランプ支持ではなかった

先述しましたが、マスクは共和党支持を表明しても、トランプ大統領の支持はしていませんでした。

2022年6月15日、共和党に初めて投票したことをXで公表。コメントで「2024年大統領は？」と聞かれ、「デサンティス」（フロリダ州知事）と回答していました。

7月11日には、「私はトランプを憎んではいないが、トランプはそろそろ帽子を取り、夕日に向かって船出するときだ（＝政界から引退すべき）」。

「トランプが生き残る唯一の方法が大統領の座に返り咲くことだと思わせないように

するため、民主党も攻撃をやめるべきだ」と、トランプ大統領（当時は候補）が退任後も戦い続けていたことを、「保身のため」と捉えていたようです。

そもそもこの発言のきっかけになったのが、7月9日のアラスカ州での選挙演説でトランプ大統領がマスクのことを批判したためで、それにマスクは反論したということです。

2023年5月23日、フロリダ州知事ロン・デサンティスが大統領選挙出馬宣言をXの「スペース」で発表。この発表にはマスクも参加していて、大統領選挙初期はデサンティス寄りだったことがうかがえます。

2024年3月3日には、マスクはトランプ大統領と会談していますが、6日に「いずれの政党にも政治献金することはない」とXで表明。

ただ、『ウォールストリートジャーナル』の2024年10月15日報道で、「4月からトランプ支援の政治資金団体立ち上げに協力していた」ことが報じられています。なぜかマスク自身が関与していることがわからないようにされていました。

マスクを変えた瞬間

そんな彼を変えたのが、2024年7月13日現地時間午後6時13分。ペンシルベニア州バトラーで選挙演説をしていたトランプ大統領をトーマス・マシュー・クルックスが6時11分に狙撃。シークレットサービスのカウンタースナイパーによりクルックスが銃殺されるまで、トランプ大統領は演台の下で、シークレットサービスにより覆い隠されていました。

2分後、「狙撃手撃破」の呼び声が出たところで、シークレットサービスはトランプ大統領を避難させようとしますが、ここでトランプ大統領が思わぬ行動に出ます。狙撃され、命を失いかけたにもかかわらず、右耳から頬や口元にかけて血を流しながら、右手を振り上

2024年7月13日、ペンシルベニア州バトラーで選挙演説中のトランプは銃で撃たれたが、直後に立ち上がると「FIGHT! FIGHT! FIGHT!」と支持者に訴えた。写真：AP/アフロ

げ「ＦＩＧＨＴ！　ＦＩＧＨＴ！　ＦＩＧＨＴ！（ファイト＝戦え）」と支持者に叫んだのです。

その瞬間をエヴァン・ヴッチ（ＡＰ通信のカメラマン）が撮影していて、血を流しながら拳を突き上げる大統領の背後にアメリカ星条旗がはためているという、人類史上最高の１枚といっても過言ではない写真が撮影されました。

マスクはトランプ大統領が「ＦＩＧＨＴ！」と叫ぶ動画と共に「私はトランプ大統領を全面的に支持し、一日も早い回復を願っている」と投稿し、初めて正式なトランプ大統領の支持声明を出しました。

これ以降、テック企業や投資会社の取締役級といった有力者がトランプ大統領の支持声明を正式に出すようになります。マスクだけでなく、多くのアメリカ人を変えた瞬間でもありました。

全力での選挙支援

トランプ全面支持宣言後、マスクはトランプＭＡＧＡ共和党勝利のため、全力の活動を開始します。3億ドル近くの選挙資金を投じただけでなく、選挙結果を左右する激戦州に乗り込み、選挙イベントを開催。

10月5日には、暗殺未遂事件現場のペンシルベニア州バトラーでトランプ大統領が再び選挙ラリーを開催しましたが、マスクは特別ゲストとして登壇、MAGAサポーターたちを沸かせました。

さらには有権者登録推進のため、毎日100万ドルを1人に与える大胆なキャンペーンを発表。民主党応援団は即座に発狂を始めました。

マスクの選挙資金は前代未聞ではない

民主党やメディアはマスクのトランプ支援を、金持ちによる影響力行使として非難。選挙が終わった2025年でもその攻撃は続き、自分で努力することを怠っている不真面目で不勤勉な左翼思想の人々の心の支えになっています。

マスクは12歳でゲームを開発できるほど、プログラミングを独学で習得し、起業してからも家に帰らずに泊まり込みで仕事に励み、倒産の危機に瀕しても諦めることなく前を見続けたからこそ、今の世界一の大富豪の地位があるのです。

マスクを批判している連中は、同じだけの努力をしてきたのでしょうか？

話が逸れましたが、マスクに常人にはない資金力があるのは事実です。２０２４年選挙で投じた約3億ドルは途方もない数字です。

しかし、この金額は前代未聞なことではありません。

たとえば、『メタ』のＣＥＯマーク・ザッカーバーグは、２０２０年選挙に4・19億ドルを投じています。

通称「ザッカーバックス」とも呼ばれ大問題にされたもので、激戦州の中でも民主党票につながることが予想される地域に莫大な金額が投入されていました。

共和党主導による事後調査が行われ、元ウィスコンシン州最高裁判所判事のマイケル・ゲーブルマンは、ザッカーバックスを「賄賂」と報告書で指摘しています（詳しくは拙著『左翼リベラルに破壊され続けるアメリカの現実』（徳間書店）を参照）。

他にも「ダークマネー」と呼ばれる、資金源がわからないようにできる仕組みを利用した政治資金が、民主党に少なくとも16億ドル流れています。

政治に興味関心がない層は「マスクがカネを武器にやりたい放題している」と思い

込んでいますが、実際は珍しいことではないのです。

100万ドル配布は違法でもなければ、前代未聞でもない

大統領選挙終盤に大問題になったのが、マスクの発表した100万ドルを毎日配布することです。マスクが主要な資金提供をしている政治資金団体『アメリカPAC』が行ったものですが、応募条件は、①請願書に署名する、②有権者登録、③激戦州に在住の三つでした。

請願書は、「修正憲法第1条（言論の自由）と第2条（武器所持の権利）を支持することを誓う」というものです。

連邦法（U.S.C. 10307(C)）の定める「有権者登録、投票のため、金銭を支払うこと、受け取ることの禁止」に違反し、1万ドル以上の罰金、または5年以下の禁錮刑、またはその両方が科せられる可能性があると指摘されています。

このような批判は想定の範囲内だったわけで、『アメリカPAC』は「100万ドルは『アメリカPAC』の広報員として雇用するための報酬だ」と説明。実際に100

万ドルを受け取った人には宣伝動画に出演してもらっていますが、違法行為との指摘を回避するための施策であるのは間違いありません。

マスクを非難しているのは民主党支持者ばかりです。しかし、そもそもこのような手法を使い始めたのは、民主党が先です。

2023年4月にウィスコンシン州最高裁判事選挙がありました(アメリカでは、州裁判官を選挙で選ぶ州が多くあります。連邦裁判官は大統領が指名し、連邦上院議会が承認します)。結果はリベラル系(というか、ド左翼)候補のジャネット・プロタシエヴィッチが勝利しました。

この選挙は、ウィスコンシン州最高裁のパワーバランスに大きな影響を与えるとして注目されました。大統領選挙の激戦州の一つがウィスコンシン州で、実際に選挙直後、民主党によって過去に違憲判決の出た裁判のやり直しを求める訴訟が起き、民主党が不正な投票を集めるのにフル活用していた屋外のバロットボックス(投票箱)が合憲にされました。

この選挙で民主党側は2300万ドルという、司法関連選挙史上で最大規模の資金投入をしていましたが、その一環で、『ウィスコンシン・テイクス・アクション』という民主党系団体が、友人や家族に選挙に関する情報を共有するのに250ドルを配布するということをしていました。

イーロン・マスクによるツイッター買収は、2024年大統領選挙に大きな影響を与えました。拙著『トランプ圧勝』（徳間書店）で紹介した、「検閲産業複合体」がバイデン民主党政権下で加速度的に肥大化し、アメリカの言論の自由は失われかけていました。それを止めることができたのは、世界一の大富豪のマスクだけでした。

マスクがツイッター買収を決断したこと、その後のトランプ共和党全力支援と、彼は2024年大統領選挙に多大な影響を与えました。そしてマスクは、次章で詳述する政府効率化省（DOGE）で中心的役割を担うことになりました。

これらの元になったのは、民主党や左翼勢力の暴走が目に余るものがあったからで、いま左翼勢力が発狂しているのは、自分たちが招いたものといえるでしょう。

ともあれ、マスクによって、アメリカだけでなく、世界が救われたといっても過言ではないでしょう。

第2章

DOGEでのマスクの活躍

政府効率化省（DOGE）とはどのような組織か

政府効率化省（DOGE）の設置

大統領就任初日、トランプ大統領は多くの大統領令に署名しましたが、そのうちの一つが大統領令14158、選挙公約どおりの「政府効率化省」の設置でした。英語で〝Department of Government Efficiency〟は頭文字をとって『DOGE《ドージ》』と命名され、イーロン・マスクが以前から推している仮想通貨の名前と同じとされました。マスクが宣言していたとおり、DOGEの活動は2026年7月4日までの期限つきです。

正確にはDOGEは新設されたわけではありません。2014年8月11日に、当時のオバマ大統領が大統領令で設置した『アメリカデジタルサービス局』（USDS）を

DOGEに改名したのです。

民主党や左翼団体・活動家、何が起きているのかよくわかっていないけど、とにかく何かに怒っていないと自我を保つことができないリベラル系の反トランプ・反マスク系の人々は、「DOGEは透明性がない」「億万長者が政府の影でやりたい放題している」「我々はマスクを選挙で選んでいない」と騒いでいます。

ところが、大統領府直轄として設置することで、他の政府機関よりも活動報告を少なくしていい一方、大きな権力が付与される仕組みをつくったのは、民主党オバマ政権なのです。ですから、DOGEの組織構造に文句があるなら、オバマに言えという話であり、「トランプガー」「マスクガー」と騒ぐのはお門違いというものです。

USDSの活動

オバマがUSDSを設置したのは、健康保険システム「HealthCare.gov」の始動で不具合が連発、批判が殺到したため、デジタル領域の政府能力を向上させることが目的でした。

同組織はバイデン政権下でも30以上の政府機関と協力し、政府サービス向上のための活動をしていました。

2024年の活動報告書によると、社会保障サービスのウェブサイトを簡素化して理解しやすくしたことで国民の満足度の向上を図ったり、歳入庁（日本の国税庁に相当）のオンライン無料確定申告の試験導入、退役軍人省の健康保険システムの改善などしていたようです。

DOGEの顔ぶれ

大統領令によると、DOGEは少なくとも4人一組の小隊で構成され、各政府機関の実態調査や改善を進めています。具体的には、各チームにDOGEチームリード（責任者）、エンジニア、人事スペシャリスト、弁護士が配置されています。

日本メディアを含め、DOGEの活動が連日何かしらのニュースになっています。たいていはマスク・トランプ2人の名前が出てくると思いますが、1月末〜2月初旬にかけて、マスクが引き抜いた19歳〜25歳の若者エンジニアチームがかなり注目されました。

どのような人がDOGEで活動しているのか、その全体像はわかりません。『ニューヨークタイムズ』『プロパブリカ』『NBCニュース』など、様々なメディアがDOGEで活動している人物の特定報道をしています。

報道ではマスクが引き抜いた若者チームばかり注目されていましたから、少数の正体不明の若者主体で活動している怪しい組織と勘違いしている人もいたかもしれません。しかし、実際は経験と能力を兼ね備えた人物が多く起用されています。

DOGE弁護団にはキーナン・クミエック、ジェームズ・バーンハム、ジェイコブ・アルティックの3人がいることが特定されました。3人とも連邦最高裁判所判事のクラーク（補佐官）の経験をもつ、法曹界のエリートです。

クミエックは当時連邦高等裁判事で、現在連邦最高裁判事のサミュエル・アリートや連邦最高裁判所長官ジョン・ロバーツのクラークを務めた経験をもちます。

バーンハムは第一次トランプ政権のホワイトハウス首席顧問弁護士によって、ホワイトハウス顧問弁護士の一人として引き抜かれた、保守系弁護士の中でも著名な人物です。連邦最高裁判事の選定にたずさわり、ニール・ゴーサッチ、ブレット・カバノー、エイミー・コニー・バレット連邦最高裁判事の選定をした中心人物の一人でもあります（アメリカの連邦最高裁判事は定員9人で、大統領が指名し、上院議会が承認します。終身制で、アメリカ司法府のトップです）。

ゴーサッチ承認後、バーンハムはゴーサッチ判事のクラークとしても働き、第一次トランプ政権の司法省職員としても勤務していました。

アルティックは2021年にミシガン大学ロースクールを卒業、連邦高等裁クラークを経験し、2025年夏からゴーサッチ連邦最高裁判事のクラークとして勤務することが決まっています。

このように3人の経歴を見ただけでもわかるとおり、法のプロフェッショナルが揃っているのです。あくまでも特定できている人物であり、弁護士が3人しかいないというわけではありません。

DOGE活動の根底にある連邦最高裁判決

大統領選挙直後、選挙公約に掲げていたDOGEを設置することが発表され、イーロン・マスクと元共和党大統領候補の一人だったヴィヴェック・ラマスワミが共同で指揮を執ることが発表されました（ラマスワミは後に辞退を発表）。

2人は2024年11月20日に『ウォールストリートジャーナル』に「政府改革のDOGE計画」と題した寄稿をして、具体的にどのようにしてDOGEが目標を達成するのかを示しました。

「DOGEはホワイトハウスの予算管理局と協力し、三つの主要な改革を目指す」と言及。

三つの主要な改革とは、一つ目は規制撤廃、二つ目は行政削減、三つ目は経費節減です。これらの目標達成のため、「新法を成立させるのではなく、既存の法と行政執行（大統領令）に専念する」としています。

また、「改革の北極星（進むべき方向）は、憲法とバイデン政権下で下された、二つの重要な連邦最高裁判決」として、ウェストヴァージニア州と環境保護庁の2022年判決（West Virginia v. Environment Protection Agency）と、商務省に対する二つの裁判を合わせて裁定した2024年判決（Loper Bright v. Raimondo / Relentless, Inc. v. Department of Commerce）を挙げました。

どちらも連邦政府機関の肥大化を止める判決で、「ディープステート（DS）を破壊する判決」とも呼ばれているものです。

2022年判決で連邦最高裁は、「連邦議会が特定の権限付与（法整備）をしていない限り、主要な経済的・政策的な疑問に関する規制を課すことはできない」と判断しました。

2024年判決では、1984年連邦最高裁判決で生まれた「シェブロン教義」が覆《くつがえ》されました。

1984年6月に判決が下された裁判では、石油大手『シェブロン』と天然資源防衛委員会が、環境保護庁の法解釈をめぐって争い、その結果、「シェブロン教義」と呼ばれるものが生まれました。

連邦政府機関は法律の範囲内で活動します。人間が作成に関与している以上、法律に完全無欠なものはなく、何かしらの欠陥があるものです。「シェブロン教義」は、法律が曖昧な場合、政府機関の判断を尊重し、裁判官が独自の判断をしないようにすべきというものでした。

この1984年連邦最高裁判決により、選挙で選ばれていない官僚の独自解釈により多くの規制が生み出されることになりました。マスクらが指摘しているとおり、これほど非民主的なことはありません。

「ディープステート（DS）」という表現を様々な場面で耳にするようになったと思いますが、このような選挙で選ばれていない官僚が、見えない深いところで連邦議会議員のような振る舞いをしていることを指す言葉でもあります。

「シェブロン教義」はアメリカの裁判史上、行政法に関する裁判で最も引用された判決で、これを覆した2024年の判決は、アメリカの司法の歴史を変えるものでもありました。正しくは、アメリカの脱線していた司法を、元のレールに戻したと言った方がいいかもしれませんが。

始動前から分裂？

2025年1月20日の大統領就任式を前に、DOGEのツートップに指名されていたラマスワミがDOGEでの活動を辞退することが報じられました。

理由はラマスワミが2026年オハイオ州州知事選挙に出馬するためですが、内部で対立があったのではないかと報じられています。

公の場ではマスクもラマスワミも良好な関係を維持しているように見せていますが、DOGEの活動方針に関して意見に相違があったようで、ラマスワミは州知事選挙出馬を機会に、DOGEから離れることを決めたようです。

情報源が『ワシントンポスト』や『アクシオス』のような、とにかくマスクとDOGEの悪口を言いたくて仕方がないメディアですので、多少の脚色はあるかもしれませんが、報じられている限りの内幕も紹介します。

DOGEはマスクが「テクノロジーと歳出」、ラマスワミが「規制と国家行政」に注目し、別々ではあるが相互に有益な領域で活動しているように見えました。

しかし、マスクはテクノロジーとデータマイニングの力を使ってDOGEの目的を達成する「テクノロジー・ファーストの視点」で物事を進めることを好み、今まさにそのとおりの活動を進めています。

対してラマスワミは憲法の観点から、議会の措置を必要とせずに閉鎖できる機関を探り、様々な機関内の予算編成プロセスを狙い、規制を撤廃する法的手段を検討していました。DOGEをシンクタンクのような非政府組織と考え、法律で成文化できるような大きな改革を推し進めようとしていたのです。

また、ラマスワミはDOGEを政府機関の〝外〟に設置したいと考えていましたが、マスクは少数精鋭チームで政府内（ホワイトハウス傘下）に設置すべきと考えていました。

ラマスワミとしては、連邦政府職員は特定政党での選挙活動ができなくなるため、マスク案の採用をトランプ大統領が決めたとき、州知事選挙に出馬するため、DOGEを離れることを決意しました。

喧嘩別れというわけではなく、DOGEは想像以上のスピード感で動くことができていますので、トランプ大統領の決断は正しかったと思います。マスクとラマスワミ、トランプ三者の関係は良好で、マスクはラマスワミがオハイオ州州知事選挙立候補を正式に発表した直後に支持を表明しています。

ＤＯＧＥが明かしたアメリカ国際開発庁（ＵＳＡＩＤ）の闇

ＴＤＳがＭＤＳに

第二次トランプ政権はＭＡＧＡサポーターをも裏切るようなスタートを切りました。良い意味で。第一次政権時の反省を活かしているのが明らかな、とてつもないスピードで選挙公約を実現、肥大化した連邦政府機関の改革を進めているからです。

ハムライン大学デーヴィッド・シュルツ政治学・法学教授は、「大統領としてできる限界を計っているのではないか。裁判所に、ある程度は縮小されることを前提にしているのでは」と指摘しています。

なんでもかんでも「トランプ」という男に関係することになると、無条件に発狂する人々がいます。日本でも、「トランプが嫌い」と言っている人物に、「なんで？」と聞くと、ふわふわした答えしか返ってこないでしょう。

そのような、意味もわからずトランプ大統領に発狂する人々を、「トランプ錯乱症候群」(Trump Derangement Syndromeの頭文字でTDS)と呼びますが、DOGEの活躍に発狂している人々は「マスク錯乱症候群」(MDS)を起こしています。

DOGEの活動は冷静に考えれば、大多数の国民にとって有益でしかありません。自分たちが払った税金が何に使われ、どのような無駄な使われ方をしていたのかを明らかにしてくれているからです。

連日ニュースで「マスクガー」と鼻の穴を大きくあけてフンガーフンガーしている人々が、連邦政府機関前で抗議活動をしている映像が流れていますが、「無駄」として削減される対象者が、仕事がなくて暇なので、大騒ぎに行っているのでしょう。

民主党議員は「トランプとマスクによって、憲法上の危機的状況だ」と騒ぎますが、そもそもDOGEの活動を始めたのは、実は民主党です。

ついでに言うと、トランプ共和党の掲げるMAGA(Make America Great Again)も、選挙で言い出したのは民主党です。クリントン元大統領が1991年10月4日、当時アーカンソー州知事で大統領候補だったときの演説で使った言葉でした。

DOGEの提唱者は民主党の重鎮たち

第二次トランプ政権のDOGEが進めているのは、肥大化した政府機関の削減、透明性の確保です。

これらは歴代の〝民主党〟大統領が提唱し、実行に移していたことです。1993年2月10日、就任から1カ月も経過していないビル・クリントン〝民主党〟大統領は、連邦政府機関縮小の必要性を強調。3月3日に『The National Performance Review（全米実績検証／以下NPR）』の発足を発表、アル・ゴア副大統領に指揮を任せます。

ゴア副大統領は、各政府機関の視察を行い、6月にはペンシルベニア州で政府機関幹部、ビジネスリーダー、コンサルタントを招集した『Reinventing Government Summit（政府再発明サミット）』を開き、期限が設定された9月7日までに報告書をまとめあげます。

報告書では、1080億ドル削減のため、1250の具体的な行動をするための384の推奨が提案され、クリントンは16の大統領令に署名し、25万2000人の連邦政府職員削減、内部規制の半減、政府機関にカスタマーサービススタンダードの策定を命じました。

連邦議会は報告書に応じた法整備をし、「Buyout bill（買収法案）」を成立させ、金銭的インセンティブと引き換えに早期自主退職を可能にし、連邦政府職員削減目標を報告書の推奨以上の27万2900人に設定しました。

この〝Buyout〟（買収＝自主退職）という手法は、まさにDOGEが実行していることです。

DOGEの提案した買収（自主退職）は、9月まで給与・社会保障を継続しつつ、即時に退職してもらうという、一般企業では考えられない好条件の自主退職提案。一般的には、ツイッター買収後の人員整理でマスクが成功した手法といわれていますが、実は民主党が先にやっていたことなのです。それも大統領独断ではなく、連邦議会による法案整備という、現在のDOGEの活動以上に前のめりの行動でした。

クリントン政権8年間で、人員削減の最終的な目標は、買収・早期自主退職・政府機関統廃合によって42万6000人に設定されていましたが、37万7000人削減（約15％削減）という結果で、過去40年間で連邦政府機関を最小規模にすることができました。

DOGEは自主退職目標10万人に対して、7万5000人ほどにとどまっているということですが、まだまだ始まったばかりですから、2026年7月までに期待したいと思います。

2025年2月16日、ホワイトハウス報道官キャロライン・リーヴィットは「今週(DOGEに対する)抗議をするつもりの民主党へ。DOGEについての説明を、あなた方の党の最愛の指導者たちからどうぞ」という文章と共に、オバマとバイデンが、DOGEが掲げているのとまったく同じことを大統領・副大統領時代に主張している場面をまとめた動画をXに投稿しました。

オバマ「予算改革はオプションではなく、必要なものだ。政治家、ロビイスト、利益団体の力によってのみ存在し、有用性を失ったプログラムに何十億ドルもの税金をつぎ込むシステムを維持することはできない」

バイデン「アメリカ国民には透明性を求める権利がある。自分たちのお金がどこに使われているのかを知る権利がある」

オバマ「連邦予算を1ページずつ、1行ずつ見直し、必要のないプログラムは廃止し、必要なプログラムは賢明で費用対効果の高い方法で運営することを強調しておく」
「簡単なのは、無意味な浪費や誰の役にも立たない愚かな支出をなくすことだ」
「いくら無駄があっても、それが国民のお金である以上、それは許されない」

バイデン「私たちは、私たちの政権だけでなく、後を継ぐすべての政権が実際に追求するような、まったく新しい文化を浸透させたいと願っている」

今のバイデンにこのことを尋ねれば、「わしゃ、そんなことは言っとらんぞ」とボケて忘れているでしょうが、オバマはしっかりと覚えているでしょう。

クリントン流DOGEとトランプ流DOGEの違い

クリントン流DOGEとの違いは、世界に左翼思想を浸透させるために使われている「DEI」の排除をしていることです。

DEIとはDiversity（多様性）、Equity（公平性）、Inclusion（包括性）の略称で、能力ではなく、性別・人種・肌の色・性癖などを優先して評価・雇用するという、生産性よりも、社会に貢献している感を出すこと、努力することを否定するものです。

アメリカではバイデン民主党政権により、連邦政府機関へのDEI浸透が急激に進みました。

第二次トランプ政権発足直後にDEI禁止の大統領令が出され、DEIに関する職種の廃止が進められています。

DEIの詳細は後述しますが、左翼民主党勢力がDOGEにとてつもない反発を見せている一つの理由が、せっかく浸透させることに成功したDEI文化をことごとく破壊されているためです。DOGEが次々と明らかにしていますが、何ら生産性のない活動でも、連邦政府補助金が湯水の如く湧き出てくる仕組みができていました。

トランプ流DOGEはこの点で、クリントン流とは大きく違うと言えます。

闇の行動が多いアメリカ国際開発庁(USAID)

USAID閉鎖騒動

アメリカ連邦政府機関の一つ、アメリカ国際開発庁(USAID)は、トランプ政権発足直後に、国務省に吸収されました。

USAIDは海外支援をする政府機関ですが、マスクが「修復不能な状態」と指摘するほど、無駄の多い政府機関。アメリカの海外支援総額は700億ドルほどで、そのうちの半分以上の430億ドルほど(2024年度予算)がUSAIDからのものです。USAIDの予算はアメリカ国家予算の0・6%程度です。

DOGEの活動に批判的な人々からは、「たいした額ではないから、わざわざ介入すべきことではない」という批判が出ています。

もっともらしいことを言っているようで、何も理解できていない批判でしょう。原資は血税です。「塵も積もれば山となる」という言葉があるように、無駄な削減の積み重ねで、無駄な税金が減ることになるのです。

先述しましたが、オバマは「いくら無駄があっても、それが国民のお金である以上、それは許されない」と言っていたとおり、少額だからいいとはなりません。

USAIDとは

United States Agency for International Development（国際開発庁）は、1961年に成立した「海外支援法」を根拠に、当時の民主党大統領ジョン・F・ケネディが大統領令で新設しました。

自国の資金を使った海外支援は単なる慈善活動ではなく、国益につながるもの。この当時は米ソ冷戦下で、資本主義陣営と共産主義陣営が、世界で影響力拡大を狙った動きをしていました。

USAIDは海外支援を通じ、ソ連共産主義陣営に引き込まれる国が増えないようにするため、慈善活動という皮を被った一種の影響力工作活動をしていた政府機関なのです。

USAIDの設置は大統領令に基づいているため、大統領令を撤回すればUSAIDの廃止ができるという主張があります。しかし、海外支援法によりUSAID設置が必要とされているため、本当にUSAIDを廃止するのであれば、連邦議会で法改正しなければならない可能性があります。

本書発刊時には連邦最高裁まで到達していませんが、トランプ政権後期には、本当にUSAIDを閉鎖できるかの最終判断が、連邦最高裁によって下されると思います。

USAID閉鎖で笑うのは中国？

アメリカの国家安全保障は3本の「Dの柱」で成り立っています。Defence（防衛＝国防総省）、Diplomacy（外交＝国務省）、Development（開発＝USAID）です。

先述したとおり、ソ連共産主義陣営の勢力拡大を抑えるため、途上国支援は重要な国家安全保障政策の一つです。

冷戦終結・ソ連崩壊により、従来の目的は達成しましたが、現代でも途上国支援による敵対国勢力拡大への対策が必要なのは変わりません。現在は主に中国の影響力対策です。特に、習近平が2013年に提唱した「一帯一路構想」によって、多くの国が中国の影響下に置かれています。

「債務の罠」とも言われる中国の手法は、スリランカのハンバントタ港がその一例としてよく聞かれます（スリランカは中国から融資を受けてインフラ整備をしたものの、返済ができずに、ハンバントタ港を2017年7月から99年間にわたり、中国国有企業にリースすることに）。

一帯一路は主にインフラ整備のための資金を中国が貸し付けるのですが、キリバスやソロモン諸島のように、台湾との国交を断絶させるような外交的な条件を押し付けることも可能にします。

豊富な天然資源を抱えるアフリカは、途上国支援戦争を通じた資源の争奪戦の真っただ中でもあります。中国はアフリカに対しても積極的に経済協力や援助を行っているのは、ご存じのとおりです。

このように中国の影響力が拡大している中で、トランプ政権の海外支援一時凍結とUSAIDの閉鎖は、中国を利する行為と民主党議員や専門家は指摘しています。

アンディ・キム民主党連邦上院議員「トランプの行動は、国家安全保障上の深刻な脅威に直面している今、アメリカの世界的なリーダーシップと影響力を弱めている。トランプは競争相手と敵対国に扉を開いた」

シェリー・グッドマン気候と安全保障に関する国際軍事評議会事務局長「援助を撤回することは力の空白を生み、中国に大きな贈り物を提供することになる」

スティーブ・ツァンロンドン大学東洋アフリカ研究学院中国研究所所長「USAIDを解体することで、中国は米国とは対照的に、一貫した信頼できるパートナーとして自らをアピールし、グローバル・サウス全体でより強力な関係を築き、地政学的な力を高めることができる」

ジョージ・イングラム元USAID高官「中国とロシアに窓を開けた」

中国の影響力拡大という観点から、批判する人々の主張は理解できるものです。

実際、中国がアメリカの空白を埋めた事例があります。カンボジアの「カンボジア地雷撤去計画」は、2025年1月25日にカンボジアの8州で活動休止を発表。理由はアメリカからの資金提供が停止したためです。

一方、中国政府は2月5日に、3月1日から12カ月間、440万ドルの活動資金を提供すると発表し、活動休止したうちの7州の地雷撤去活動が再開されました。

この事例は『ニューズウィーク』の2月8日の記事で取り上げられ、「中国がUSAIDの後継に」と題して、トランプ政権の海外資金援助凍結が非難されました。

ただ、これらの批判者が（おそらくわざとですが）無視しているのが、トランプ政権は海外資金援助を完全にやめるというわけではないということです。

外交政策に沿ったものかどうか、わけのわからんことにムダ金が使われていないかを精査しているのであって、必要なことには資金を出します。

その証明として、2月20日には、地雷撤去支援の資金提供が再開されています。ちなみに、この地雷撤去支援はUSAIDからのものではなく、国務省の武器撤去・削減局からのものです。

USAIDこそが中国の影響力の源だった

トランプとマスクを叩きたくてうずうずしている大手メディアでは、「USAID閉鎖や海外資金援助停止は中国を助ける悪行だ」という批判ばかりを目にします。

一方で、「むしろ中国の影響力を低下させることになる」と主張する人もいます。ヘリテージ財団シニアリサーチフェローで、第一次トランプ政権USAID高官だったマックス・プリモラックがその一人です。

USAIDによる海外援助の一例は後述しますが、気候変動対策が多く含まれていました。プリモラックは、「USAIDのグリーンエネルギーアジェンダ推進は、対象国を中国依存体質に陥らせている」と指摘しています。

太陽光・風力発電のような「再生可能エネルギー」や「クリーンエネルギー」と呼ばれる発電方法に必要な機材・設備に使われる鉱物で、アメリカ政府が「重要鉱物資源」に指定している54種類のうち、35種類は産出なり精製に中国が関与しています。

たとえば、ガリウム生産の98％は中国。ガリウムは次世代電気自動車から、スプーン、米軍の次世代ミサイル防衛システムやレーダーシステムにいたるまで、幅広い製品の製造に必須な鉱物です。

電気自動車用バッテリーに必要な原材料に占める中国のシェアは20％未満ではあるものの、加工品市場では90％のシェアを占めています。

リチウムイオン電池の心臓部のアノードに使用されるグラファイトは、中国の埋蔵量は世界の20％程度ですが、グラファイト加工市場は中国が世界の70％を占めています。

新設されている風力発電用タービンの半分以上は中国由来です。タービンの発電設備を収納するナセルといわれる部位は、中国シェアが60％を超えています。その他の風力発電設備の多くの部品は、70％以上が中国市場に依存しています。

中国の太陽光発電のソーラーパネル製造シェアは世界80％、ソーラーパネル製造に必要なソーラーウエハにいたっては97％と、ほぼ中国の独占状態。中国なしに「脱炭素」という、グローバリストが世界を巻き込んで進める詐欺政策は実現できないのです。

そんな脱炭素に欠かせない中国は、46億歳の地球の未来のために、さぞ積極的な脱炭素活動をしているかと思いきや、ヨーロッパを拠点とするエネルギー・クリーン・

エア研究センターとアメリカを拠点とするグローバル・エネルギー・モニターの報告書によると、２０２４年の世界の石炭火力発電所建設のうち、93％を中国が占めていました。

プリモラックの指摘するとおり、気候変動の危機を煽れば煽るほど、中国の影響力拡大が進み、深くなり、切り離すことができなくなっているのです。

第二次トランプ政権は気候変動対策という、世界規模のムダ金詐欺構造の相手をするつもりはありませんので、中国の影響力が低下することが期待されます。

日本の「海外バラマキ」も必要なこと？

日本では特に岸田政権の海外バラマキが盛んに非難されていましたが、実は中国の影響力拡大懸念の観点からすると、間違ったことではありませんし、間接的に日本の国益につながっていることが多々あります。

私は党名に「民主」をつけている政党に、ロクな政党はないと常日頃から言ってい

主要援助国のODA実績の推移

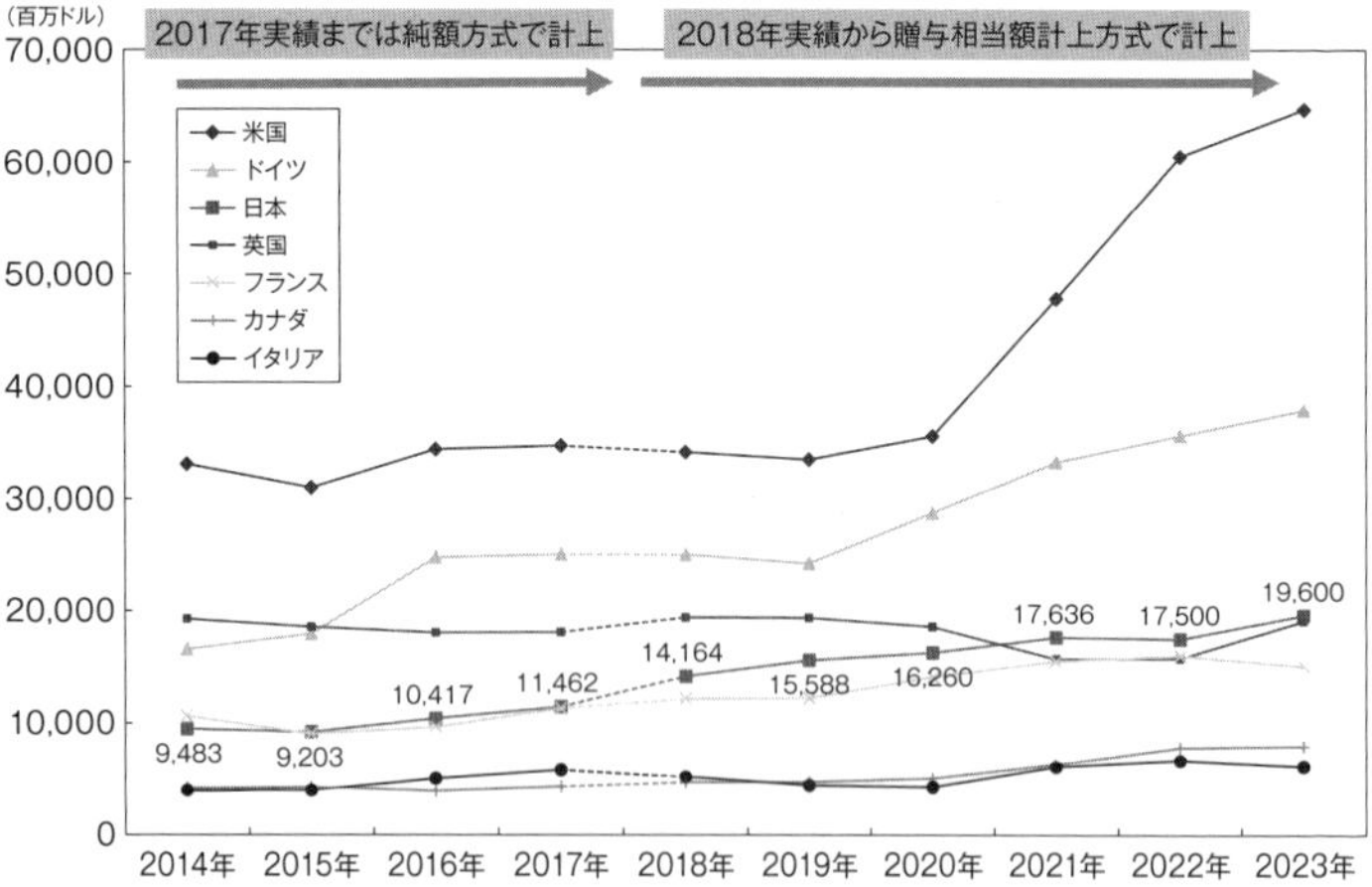

2017年実績までは支出純額ベース、2018年からは贈与相当ベースで計上。OECDデータベース（OECD Data Explorer）（2024年12月）に基づく外務省のホームページ資料より作成。

ます。

日本の自由民主党、アメリカの民主党、カナダの新民主党など、国益に反することをしている政党ばかり。しかし、良いところは良いと言うべきなので、その点も指摘しておきます。

日本政府による海外支援は主に政府開発援助（ODA）ですが、そのほとんどが円借款と呼ばれる貸付（ローン）です。つまり、利子をつけて日本に返済しなければなりません。返済しなくてもよい資金供与もありますが、それは海外支援の1割程度。

日本はこの返済額だけで、2022年は7000億円以上を回収し、回収額は累計で16兆円を超えています。

令和7年1月22日の外務省発表によると、2023年の日本の支出総額の上位5カ国は、1位インド、2位バングラデシュ、3位フィリピン、4位イラク、5位インドネシアで、経費を差し引いた支出純額では、1位〜4位は変わらず、5位にインドネシアではなくウクライナが入りました。

これらの国々への援助はインフラ開発に使われていることが多く、60%以上を日本企業が受注しています。中国が一帯一路構想でやっていることと同じなのです。大きく違うのは、主権侵害や軍事協力や外交政策の強要をしていないことです。

援助対象国のうち、インドネシア、インド、フィリピンの3カ国は対中国を意識しているともいえます。イラクの政府支援の多くはバスラ製油所の改修費用に使われていて、バングラデシュは国際的に物流拠点として注目されているエリアです。

アメリカ版一帯一路計画とも呼ばれる「インド・中東・欧州経済回廊」（IMEC）が2023年9月にインドで開催されたG20サミットで発表されていますが、この計画が実現した場合、インドの隣国バングラデシュの物流の重要度が上がると考えられています。

日本のODAはこのような理由により、不可欠なものです。

とはいえ、返済義務のない資金提供額は予算の1％未満でも、2000億円を超えます。国家予算に占める〝割合〟だけ見れば、たいしたことはないかもしれませんが、とてつもない大金です。これを見すごすことは、先述の「USAIDの予算はたいした額ではないから、気にするな」というのと同じ主張ともいえます。

多くの人々が思っているのが、「まずは日本国民にやるべきことやれよ」「増税すんな」「ステルス増税やめろ」「なんで日本人に対して利益になることは〝検討を重ね〟、外国にはすぐにカネをホイホイ配るんだ」などなど、政府の日本国内向けの政策に本気度が感じられないことへの不満でしょう。

やるべきことをやっていないから、どれだけ正当性を説明しようが人々は聞く耳をもちません。バランスのとれた政治家は日本に現れるのでしょうか……。

トランプ政権はUSAIDをどうするのか？

話をアメリカに戻します。

2月2日、トランプ大統領はUSAIDに関して、「急進的な狂人たちによって運営されてきた」と発言しました。翌日、マルコ・ルビオ国務長官が、USAID長官代行に就任したことが連邦議員への書簡で明かされ、国務省傘下に吸収されました。

2月7日にはUSAID本部の看板が取り外され、関税国境警備局の本部として使用されることが決まっています。

この日、マスクはXへの投稿で、「トランプ大統領がUSAID閉鎖に賛成した」と発表していました。

この「USAIDを閉鎖する」というのは、先述しましたが「海外支援の一切をやめます」ではありません。選挙で選ばれていない官僚たちがやりたい放題していたのを改め、「アメリカの国益に沿うものにする」というのが、正しいメッセージです。

ルビオ国務長官は取材に応じて、「USAIDはアメリカの国益から切り離された世界的な慈善団体であってはならない。アメリカの政策立案者の指示に従わなければならない。これは寄付ではなく、アメリカ納税者の資金であり、USAIDは米国の外交政策に沿ったものでなければならない」と発言しています。

3月10日にルビオ国務長官はUSAIDの6週間審査の結果を明らかにし、5200件（83％）のプログラムを取り消し、約1000件のプログラムは存続させたと発表しました。

詳細が公開されていないため、一部のMAGAサポーターから、「不十分ではないのか」という不満の声が出ていますが、私はルビオ国務長官を信じたいと思っています。トランプ政権は海外支援をやめるのではなく、税金を元手にした国益に沿わない慈善活動をやめるということです。これこそまさにDOGEが目指す、政府効率化です。

パナマから見えるソフトパワーの限界

2024年大統領選挙で勝利した後、トランプ大統領が「パナマ運河を取り返す」と発言するようになりました。2024年12月21日にはTruth Social への投稿で、その理由を説明しました。

「パナマ運河は、アメリカの経済と国家安全保障にとって極めて重要な役割を担っているため、アメリカにとって重要な国家資産だ。安全なパナマ運河は、米国の商業、大西洋から太平洋への海軍の迅速な展開、米国の港への輸送時間の大幅な短縮にとって極めて重要だ。米国は運河の第一の利用国であり、全航路の70％以上が米国の港を発着している。近代世界の驚異の一つとされるパナマ運河は、110年前に開通し、建設中にジャングルで感染した蚊によって3・8万人のアメリカ人兵士が命を落とすなど、アメリカにとって多大な犠牲を払って建設された。パナマが建設された当時のアメリカ大統領は海軍力と貿易の強さを理解していたが、カーター元大統領（民主党）が愚かにもこれを1ドルで手放した。中国や他の誰が管理するものでもなかった。同様に、パナマは米国とその海軍、そしてわが国内でビジネスを行う企業に法外な価格と通航料を請求するために与えられたものでもない。海軍と商業は、非常に不公平で不当な扱いを受けてきた。パナマが請求している手数料は馬鹿げている。特に、パナマに与えてきた並外れた寛大さを知っていればなおさらで、すぐにやめるべきだ」

1月20日には、「パナマ運河をパナマに譲渡したのであって、中国に渡したわけではない。取り返す」と就任直後に発言し、必要であれば軍事活動も辞さないような空気感を出し、パナマにパナマ運河管理権をアメリカに返還するように求めました。

おそらくですが、トランプ大統領らは「本当にアメリカに返還されたらラッキー」くらいに考えていて、ディールを引き出すことが目的だったと思います。

1977年、民主党カーター政権は二つの条約でパナマ運河共同管理を決めましたが、そのうちの一つが、中立条約でした（譲渡したのは1999年民主党クリントン政権）。

「パナマ運河の中立を脅かす脅威に対して、米軍の武力行使を認める」という項目が盛り込まれていて、事実上中国に重要な港を押さえられていることを理由に、アメリカは軍事行動をできなくもありません。

パナマはアメリカにとって経済、国家安全保障の両面で非常に重要な位置にあります。北米と南米を陸路でつなぎ、太平洋と大西洋を海路でつなぐ要衝。パナマ運河は世界の物流の6％を占めていますが、そのうちの70％以上がアメリカを発着します。東アジア発のアメリカ東海岸行きの60％が通過しますので、その経済的な重要性がわかると思います。

第一次トランプ政権下、アメリカはパナマが中国の影響下に置かれることを許してしまいました。

2017年6月にパナマはラテンアメリカで初となる台湾断交国になり、11月にはラテンアメリカ初の一帯一路参加を表明。2018年12月には習近平が訪問するほど、中国から重要視されていました。

パナマ運河には五つの港がありますが、このうちの二つが香港企業CKハチソン・ホールディングスにより管理されています。その背後には中国共産党がいるため、事実上、中国がパナマの港の4割を管理しているといっても過言ではありません。

2025年2月2日にマルコ・ルビオ国務長官がパナマを訪問、ホセ・ムリノ大統領と会談。ムリノ大統領は会見で一帯一路から離脱することを発表しました。

正確には、2年後に控えた一帯一路構想に関する契約の更新をしないことを発表し

パナマ運河で存在感を高める中国

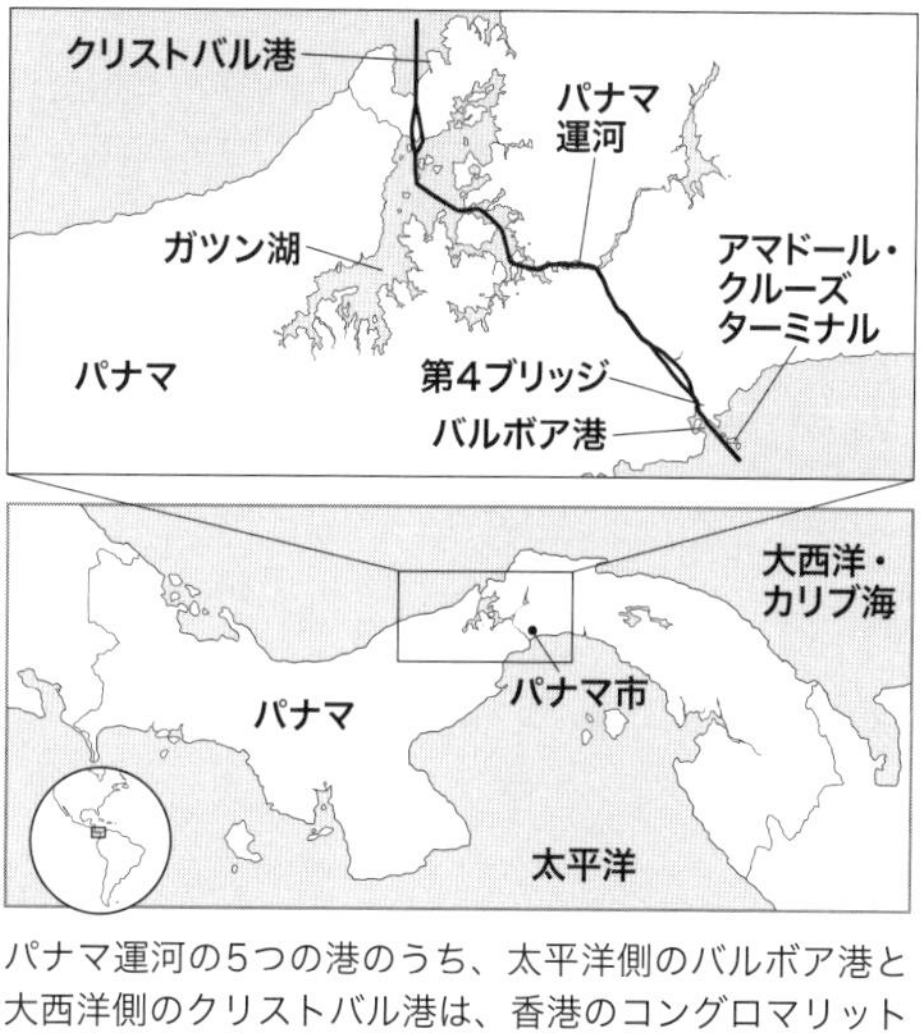

パナマ運河の5つの港のうち、太平洋側のバルボア港と大西洋側のクリストバル港は、香港のコングロマリット企業CKハチソン・ホールディングスの子会社が運営している。BBCのShawn Yuan氏による記事（https://www.bbc.com/news/articles/c1km4vj3pl0o）を参考に作成。

たのですが、2年の期限を迎える前に、契約を破棄できるかどうか検討するとも付け加えました。トランプ外交の勝利といえるでしょう。

その後、パナマ司法長官が、CKハチソン・ホールディングスによる2港の管理を違憲と裁判所に申し立て、3月4日にはアメリカ資産運用最大手ブラックロックによる買収が発表されていましたが、中国政府の介入により、買収合意は阻止されています。改めてトランプ大統領の主張する、パナマ運河が中国の管理下にあることが証明されたわけですが、今後の続報に注目したいです。

第二次トランプ政権発足前からアメリカはパナマを意識していましたが、それには三つの理由がありました。

一つ目は経済・防衛の要衝からの中国の影響力排除。

二つ目は、不法移民問題への継続的な協力。パナマはコロンビアとの国境にダリエン地峡というジャングル地帯があり、不法移民が通過しています。中国資本でこの地域に道路・橋建設が進められ、間接的に不法移民流入加速の原因になっていました。

三つ目は、パナマ運河通行料の引き下げです。アメリカはバイデンインフレによる影響が残っていて、通行料を引き下げてもらうことで、物価引き下げを狙っていたのです。

通行料に関しては、アメリカ国務省とパナマ政府の発表に食い違いがあるため、どうなっているのか不透明ですが、少なくとも最も重要な中国の影響力排除は成功まであと一歩のところにきています。

海外支援はソフトパワーとも呼ばれますが、交通の要衝を中国のソフトパワーで奪われたことからわかるとおり、限界があります。

先述しましたが、アメリカは海外支援を完全にやめるのではなく、国家方針に沿うものに直します。ＵＳＡＩＤが独自判断でカネをばら撒くのではなく、外交を担当する国務省傘下で、外交政策とリンクさせることで効果を発揮するのです。

USAIDとCIA

アメリカの諜報機関の一つ、中央情報局（ＣＩＡ）といえば、ＪＦＫ暗殺に関与していたのではないかと噂される、闇の組織という印象をもつ人もいるのではないでしょうか。

「ＵＳＡＩＤはＣＩＡよりも悪質な工作機関」と批判する声もあります。

過去を振り返ると、ＵＳＡＩＤの資金を使って、外国の政治への介入、非人道的な政策の支援、反政府勢力や野党勢力を支援することで、政権転覆を狙っていたことがわかっています。

１９９０年代、フジモリ大統領のペルー政府は人口増加を止めるため、先住民族らの女性30万人に強制不妊をしていましたが、これはＵＳＡＩＤ支援によるものでした。

２００５年、ブラジルの当選後の政党変更規制法案に関しては、セミナーやワークショップをＵＳＡＩＤ主導で開催し、ブラジル政治に介入したと批判されています。

２００８年〜２０１３年にかけ、ボリビア政府に反対する活動団体や運動にＵＳＡＩＤが資金提供し、一部のボリビア産業（石油・天然ガス・鉱山）の国有化を防ごうとしていました。ボリビア政府による、ボリビア産業の国有化にアメリカが反対していたのです。ＵＳＡＩＤの工作が発覚後、モラレス大統領がＵＳＡＩＤをボリビアから追放しています。

２０１０年〜２０１２年に「ZunZuneo《スンスネオ》」というＳＮＳプラットフォームがキューバの若者の間で広まりました。ツイッターをコピーしたようなもので、スポーツや音楽、天気予報のような政治と関係のない無害なものとして始まりました。

しかし、これはＵＳＡＩＤが資金を出し、スペインやアイルランドから運営させ、時間をかけて反政府感情を養成していくことが目的でした。

２０１４年にこの事実が発覚、デジタル影響力工作に関する批判が起きることになりました。

これらは「途上国支援により、味方に引き入れる」という目的が、「アメリカの敵対政府の転覆」という目的に変わっていたのです。

「エイズが蔓延する」という批判の裏側

トランプ政権による海外支援停止は様々な批判を呼びましたが、その一つが「公衆衛生の問題を生む」、そして、「エイズが蔓延する」というものでした。

このエイズの蔓延の主張を聞くと、ＵＳＡＩＤによる工作活動が思い起こされます。

２００９年10月から、ＵＳＡＩＤによる工作活動がキューバで始まりました。ベネズエラ人、コスタリカ人、ペルー人の若者をキューバに送り込み、政府転覆活動を仕掛けていたのです。旅行者に成りすました若者たちをキューバ各地に送り、時給5ドル程度で反政府活動に賛同する若者探しをさせました。

工作員たちは、若者向けのHIV予防ワークショップを開催することで、反政府活動に賛同してくれそうなキューバ人を集めることもしていました。

この活動はキューバ政府に感知されることになります。特に訓練を受けていない若者ばかりが工作員として送り込まれていたので、アメリカの支援による計画はキューバ政府に晒されてしまったのでした。

エイズ予防は重要だと思いますが、世界で行われているエイズ予防活動は、本当にエイズ予防活動なのでしょうか。

どのようなムダ金があったのか

テレビのニュースでも新聞でもネット記事でも、たいていの報道では、その内容に関係する写真や動画を使用することで、視覚的なアピールをします。USAID閉鎖や海外支援凍結報道でよく目にしたのが、アフリカや中東の貧しい子供たちの写真や食糧支援をしている写真ではないでしょうか。

こうした写真が使用されるのは、トランプ政権によって子供の安全が脅かされ、人道的活動ができなくなっているという印象操作目的でしょう。そのような人々の良心を利用することで隠されているのが、USAIDを通じた左翼思想の浸透工作です。

USAIDが左翼思想浸透のために各国で行っている活動の具体例を、いくつか紹介します。

・セルビアの職場、ビジネスコミュニティにおけるDEI推進に150万ドル
・スリランカ記者が「どうやってバイナリージェンダー言語を避けるか」に790万ドル
・アイルランドのDEIミュージカルに7万ドル
・コロンビアのトランスジェンダーオペラに4万7000ドル
・ペルーのトランスジェンダー本に3万2000ドル
・グアテマラのLGBTQ活動に200万ドル
・イラクのセサミストリート放送に2000万ドル

・エコヘルスアライアンス（中国武漢研究所に資金提供していたアメリカの団体）に467万ドル
・ベトナムの電気自動車事業に250万ドル（実績はセミトラック2台分の温室効果ガス排出削減に成功）
・アフガニスタンのテロ組織タリバンにコンドーム1500万ドル（コンドームはパレスチナのハマスがイスラエルに向けた爆弾攻撃に使用している）
・ネパールで無神論を推進するのに44万6000ドル
・エクアドルのドラッグショーに2万ドル
・アフリカ西部と中央部でフランス語のLGBTQ推進に100万ドル
・カリブ海周辺国のLGBTQの個人支援に300万ドル
・アフガニスタンで女性とLGBTQジャーナリストだけを対象にした気候変動セミナーに5万5000万ドル
・インドネシアのコーヒー企業がよりジェンダーフレンドリーになるための支援に42万5000ドル

大手メディアは途上国の子供の写真で隠していますが、このようなＵＳＡＩＤによる意味不明な資金提供がされているのです。これらは現地にそのまま資金がばら撒かれるのではなく、ＮＧＯ団体や慈善団体に補助金として渡されます。

日本で公金チューチューという言葉が流行りましたが、まったく同じものです。

弱い立場の人々を金づるとみなすNGO団体

トランプ大統領が海外支援停止を指示した直後から、「トランプのせいで死人が出る」と、大手メディアや民主党、政府補助金に頼り切っている団体の〝センモンカ〟が一斉に批判。彼らの〝批判〟はすぐに現実のものとなり、２０２５年２月７日には『ロイター』の報道で、本当に死者が出たことが明らかにされました。

結論から言いますと、結果はそのとおりかもしれませんが、トランプ批判をしたかった政府補助金依存団体によって殺されたと言った方が正しいと思っています。

まずは経緯を整理します。

71歳のミャンマー人のペ・カ・ラウさんは、祖国ミャンマーの軍事政権を逃れ、隣国タイの難民キャンプに滞在していました。過去3年間、酸素吸入が必要になるほど体調が悪化し、頻繁に救急搬送されていたといいます。

第二次トランプ政権発足時も、入院していました。しかし、トランプ政権による海外支援凍結が発表された直後の1月末、強制退院させられてしまいます。理由は、資金の先行きが不透明なため。

遺族によると、苦しいから病院に戻りたいと訴えていたと言いますが、退院4日後に亡くなってしまいます。

ペ・カ・ラウさんの事例は、「トランプのせいで死者が出た」の物語に見事に合うものです。状況を鵜呑みにすれば、トランプ政権が殺したとも言えてしまう話ですが、私はそうは思いません。

この病院を運営していたのがNGO団体『International Rescue Committee』(国際救援委員会/以下IRC)です。代表は元イギリス労働党議員で外務大臣だったデーヴィッド・ミリバンド。タイだけで9カ所の難民キャンプの病院を運営していましたが、アメリカからの支援が途絶えることで、7カ所の病院の稼働を停止しました。

アメリカの資金がなければ稼働できなくなるほど、ギリギリの活動をしていたのかというと、まったくそんなことはありません。２０２３年度のＩＲＣの財務資料を確認すると、23年単年の総収入は13・４億ドル。総資産は６・３億ドルです。

アメリカからのミャンマー支援は総額２億ドルで、その中の医療支援が４０００万ドル。英紙『テレグラフ』の報道によると、「少なくとも七つのＮＧＯ団体が活動を停止」とあり、つまりこの４０００万ドルは少なくともＩＲＣを含めた7団体に配分されています。単純計算でＩＲＣが活動資金として受け取っていたのが６００万ドルほどだとしても、ＩＲＣの収入からすれば、それくらい捻出できるはずです。

ＩＲＣの代表ミリバンドは１１９万ドルの報酬を受け取っています。副代表は47万ドル。財務部長は43万ドル。その他に30万ドル～40万ドルの報酬を受け取っている幹部が何人もいます。「タダ働きしろ」とは言いませんが、補助金は税金です。慈善活動というのは、まさに金のなる木なのです。

そもそも人命がかかわる任務の団体は、海外支援凍結の免除対象です。免除申請しているのかは不明ですが、病院閉鎖を回避する術はいくらでもあったはず。

ＩＲＣは、表面上は困っている人々を助けていますが、結局は単なる偽善活動で、カネが入って来なくならないように、途上国の人の命を利用したのです。

アメリカに荒らされたハイチ

世界最貧国と呼ばれるカリブ海に浮かぶハイチ。現在は国としての機能が完全に麻痺し、ギャングが首都の一部を支配するという緊急事態が続いています。

このハイチは、1975年にハネムーンに来たビル・クリントン、ヒラリー・クリントン夫婦により、滅茶苦茶にされます。

1995年にクリントン政権はハイチと自由貿易協定を締結。結果として補助金を大量注入されたアメリカ産の安い米がハイチに流入するようになります。これはハイチの米農家にとって大打撃で、米の生産量が激減。食料自給率90%だったのが輸入依存国に転落してしまいます。

農業の崩壊によって農村部の経済は壊れ、都市部に出稼ぎに来る人が増え、それらの人々によってスラム街が形成され、治安が悪化していったのでした。

2010年1月、ハイチを大地震が襲います。2月に予定されていた大統領選挙が

11月に延期され、過半数の得票候補がいなかったため、翌年1月に決選投票が上位2候補によって行われることが決まります。

ところが、当時のアメリカの国務長官だったヒラリー・クリントンらは自分たちが推薦していたミシェル・マーテリーが3位という結果になったことに不満で、ハイチ政府に対し、「選挙に不正が確認された」という信憑性が疑わしい報告書を理由に、選挙結果を覆すように圧力をかけます。ヒラリーは直接ハイチに乗り込み、選挙結果を変更させることに成功し、1月に予定されていた選挙は3月に延期され、最終的にアメリカがバックについたマーテリーが勝利しました。

ヒラリーは後に、ハイチは「新たなアプローチの実験」をする国と自叙伝『Hard Choices』の中で明かしています。

先述したハイチを襲った大地震で、世界から支援が集まります。少なくとも45億ドルがハイチに〝向けて〟集まりました。このうち15億ドルが緊急人道支援。30億ドルが復旧・復興・開発資金です。

ハイチ支援で40回以上、直接現地を訪れているイリノイポリシーインスティテュートの政策アドバイザーのポール・ヴァラスによると、集まった21億3000万ドルはハイチに関連する下請け・補助金ですが、ハイチの企業や団体に届いた金額が500万ドル程度、全体の2％程度しかありませんでした。

13億ドル（56％）はワシントンD.C.周辺に行きついていたということで、ハイチ支援という人道的活動を隠れ蓑《みの》に、アメリカの一部団体が利益を上げていたのです。

ちなみヴァラスは、ハイチ支援で5億ドルを集めた赤十字も怪しいと指摘しています。13万人に住居の提供をしたと成果報告していますが、6件しか住宅を建設していないのです。

すべての慈善団体が悪とは言いませんが、人道支援をアピールしている慈善団体の中には、政治家への〝ゴマすり〟に労力を使い、税金が元手になっている政府補助金を受け取り、中抜きをする仕組みができあがっているところがあるのです。

クリントン夫婦によってハイチは荒らされ、バイデン民主党政権で大量のハイチ人を（不法）移民として受け入れるも、トランプ政権では追い返される。悲惨です。

アメリカほど非人道的な国はないのではないでしょうか。

トランプ潰しに関与していた

２０１９年トランプ大統領に関する内部告発者が、「トランプが職権濫用し、大統領選挙の主要対抗馬を陥れようとした」と訴え、翌年の弾劾裁判にまで発展しました。

バイデンと息子のハンターはウクライナで当時副大統領だったバイデンの立場と権力を使い、大金を稼いでいました。詳細は拙著『日本人が知らない「陰謀論」の裏側』（徳間書店）を参照ください。

トランプ大統領は、バイデン家族のウクライナでの悪行についての調査を、ウクライナのゼレンスキー大統領との電話会談で依頼、何もしないようだったらアメリカからの軍事支援を凍結すると迫りました。

この内部告発者はエリック・チャラメラで、オバマ政権下でＣＩＡ分析官でした。チャラメラの内部告発の中で使用されている調査報道記事があり、それが２０１９年7月22日に『Organized Crime and Corruption Reporting Project』（組織犯罪・腐敗報告プロジェクト／以下ＯＣＣＲＰ）が公開したトランプ大統領とロシアのつながりを疑う記事です。

トランプ大統領弾劾の根拠の一つに使われた記事ですが、この記事を作成したOCCRPはUSAIDから多額の資金を受け、運営にもUSAIDが直接関与しています。

OCCRPは2006年に発足し、世界60カ国以上、200人以上のスタッフを抱える団体。2024年にドイツメディアの『NDR』、フランスメディア『メディアパート』、イタリアの『イル・ファット・クォツィディアーノ』、ギリシャの『レポータ－ズ・ユナイテッド』、アメリカの『ドロップサイトニュース』が共同調査を実施し、ドキュメンタリーで取り上げていました。

2006年設立以来、OCCRPはUSAID経由でアメリカ政府から4万7000万ドルの資金提供を受けていて、2014年～2023年の運営資金の52％がアメリカ政府頼みでした。

イギリス・フランス・スウェーデン・デンマーク・オランダ政府からも補助金を受け取っていて、その額は過去10年間で1500万ドルにのぼります。

補助金を受け取ることが悪とは言いません。必要なものは必要です。しかし、OCRPとUSAIDの関係は、情報を扱う上では適切とは言えないことがわかっています。

ＯＣＣＲＰは年間行動計画をＵＳＡＩＤから承認してもらう必要があります。上層部人事に関してもＵＳＡＩＤの承認が必要で、自分たちで好きな人物、能力のある人物を幹部にすることはできず、履歴書審査のようなことをＵＳＡＩＤがした上で、承認を受けて初めて採用することができるのです。

ドキュメンタリーの取材に応じたＵＳＡＩＤ高官のシャノン・マクガイアーやマイク・ヘニングもこのことを認めています。

ＯＣＣＲＰ共同設立者で代表を務めるジャーナリストのドリュー・サリバンは、「5〜6カ国の政権交代、首相起訴、首相追放に影響を与えた」と認めています。

ＵＳＡＩＤ資金が問題視された後、ジャーナリストのマイケル・シェレンバーガーらが、２０２5年2月5日に「ＵＳＡＩＤとＣＩＡ両者は、２０１9年のトランプ弾劾の背後にいた」と報じたところ、ＯＣＣＲＰは「我々は政治的意図をもった活動はしていない」と否定する声明を出しました。

ＯＣＣＲＰはトランプに関する報道以外に、「バイデンの息子ハンターに関する報道もしているから、我々は中立・公平である」と根拠と共に主張（拙著『日本人が知らない「陰謀論」の裏側』（徳間書店）で詳述しましたが、ハンターはバイデンのネームバリューを利用し、汚いカネを集め、マネロン・脱税をしています）。

ところが、彼らのハンター・バイデンに関する報道を確認すると、「ハンターのビジネス仲間が犯罪行為に加担していたが、ハンターは関与していない」と、バイデン家族を守るような報道ばかり。「独自に確認した財務資料で裏取りができている」としていますが、それがどのような資料なのかは明かしていません。

ＵＳＡＩＤにコントロールされている団体は数え切れないほどトランプとロシアの関係を追及する報道の〝種〟を蒔き、それを大手メディアが攻撃材料として使い、弾劾裁判にまで利用されているのです。

日本のメディアにも影響を与えていた？

ＵＳＡＩＤのファクトシートによると、２０２３年に６２００人のジャーナリスト、７０７の非国営メディア、２７９の独立メディアの強化に取り組む、メディア部門の市民社会組織の訓練と支援のための資金提供をしたとされています。連邦議会予算からは「独立メディアと情報の自由な流れの支援」として2・68億ドルが確保されています。

ここにNHKや各種日本メディアが関与していたのではないかという指摘がSNSで散見されました。情報の発生源を見てみると参照記事を大量に並べているのですが、まったく関係のないものばかりで、信用できるものではありませんでした。「エプスタイン顧客リストに日本の政界・財界の重鎮たちの名前がある」と同じようなものではないでしょうか。

USAIDがファクトシートで言及しているジャーナリストや団体の公式リストは公開されていません。

しかし、断片的な情報はあり、たとえば『国境なき記者団』によると、10のウクライナメディアのうち、9つはUSAIDの資金に頼っていて、『Slidstvo.Info』のCEOによると、80%の活動資金はUSAIDからの支援によるということです。

日本のメディアが偏向したプロパガンダマシーンになっていることは私も同意しますが、それはUSAIDが原因と言うには根拠が乏しいです。

DOGEが暴く闇①

教育省は〝左翼活動家養成〟の工作機関

トランプ大統領が「教育省」を閉鎖

トランプ大統領は２０２５年2月12日、「教育省の閉鎖」に言及しました。この発言は初めてのことではなく、何度も言及しており、２０２３年時点の選挙活動動画で宣言していたことです。

教育省を閉鎖すると言っても、教育を放棄するのではなく、各州に教育方針を委ねるということです。

アメリカは州によって保守・リベラル色の違いがはっきりしているため、連邦政府が一元管理することは、政権ごとに政策がコロコロ変わるようになり、保守派もリベラル派も、誰も得しません。

何より、教育省が各州の教育活動に配分した資金が、左翼活動家養成費用になっていたことが発覚しています。拙著『裸の共産主義者』（アマゾン）で詳述しましたが、左翼共産主義者は教育を乗っ取ろうとします（共産主義者の45の目標の第17番目）。

左翼に支配されている現在の民主党は、教育の場を積極活用しているのです。そして、生産性のない左翼教育を担当する活動家や団体が多額の資金を受け取っています。2024年度の教育省の連邦予算は2416億ドル。トランプ大統領はこの予算を直接各州に配分することで、中抜きのない、より質の高い教育を受けさせられるようにすべきと考えているのです。

10億ドルの補助金が左翼思想の浸透に使われている現実

2021年～2024年のバイデン民主党政権下で、教育省を通じた補助金約10億ドルが、左翼浸透のためにバラ撒かれていたことが、『Parents Defending Education』（教育を守る保護者／以下PDE）の調査でわかっています。

２０２４年12月12日にＰＤＥは調査結果を公開し、バイデン政権下の４年間で、10億ドルが２２９件の補助金に分けられ、42州とワシントンD.C.の２９６学区、６７６万人の子供に使われていたことを明かしました。

この10億ドルの内訳は、ＤＥＩ採用に約４億９０００ドル、ＤＥＩプログラムに約３億４０００ドル、ＤＥＩに基づくメンタルヘルス・社会的情動の学習に約１億７０００ドルでした。

たとえば、２０２３年にノースカロライナ州モンゴメリー郡の学校に約２１００万ドルの政府補助金がありました。「教員と校長の効果促進」というプログラムで、生徒の学業成績向上のための教員指導として、毎月１回、ティーチング・イン・カラーＰＤを実施し、公平な指導と懲戒の実践を通じて多様な生徒を支援する教員とスクールリーダーの能力を育成し、生徒の学業成績を向上させ、不公平な懲戒の発生を減少させるような専門的学習を職員に提供していると説明されています。読者の皆さまは、何を言っているのかわからないと思います。私もです。

ミシシッピ州のイプシランティ・コミュニティ学校には、約１５００万ドルの補助金が「教育者の卓越性と知識を支援するプログラム」のために提供されています。このうち、単日開催の文化対応型教育のためのセミナー費として1万9500ドルが使われ、さらに1万9500ドルが担当コンサルタントの書籍購入費に使用されています。

カリフォルニア州のMKレベル・プレイング・フィールド研究所は400万ドルの補助金を受け、高校生を対象にしたコンピューター関連のサマープログラムを開催。対象は高校生の中でも、「コンピューティング分野で割合の低い学生」とされ、具体的に「黒人、ラテンアメリカ系、ネイティブアメリカン、低所得者層、女子、ノンバイナリーなど」とされています。

3週間の夏期宿泊プログラムは、「社会的感情に関するワークショップ」を含む、「文化的対応に基づくコンピューターサイエンス体験プログラムであり、社会から疎外された生徒がコンピューターサイエンスの道に進むための準備」と説明されています。

このプログラムの中心となる価値観とされているのが、「私たちはRacial Justice（人種的正義・公正）をもって指導し、地域社会を反映します」です。

つまり、公金を使った左翼活動家養成合宿です。

ペンシルベニア州フィラデルフィア学校区は「リレーションシップ・ファースト‥フィラデルフィア学区における多層的な全校的修復アプローチの拡大」に、397万ドルの連邦政府補助金を2022年に受け取っています。

このリレーションシップ・ファーストというプログラムは、「修復的正義を実践する哲学であり、積極的で信頼できる人間同士のつながりの重要性と、それが学業での成功と社会性と情動の学習の両方につながることを強調するもの」と説明されています。修復的正義とは、修復的司法とも呼び、いじめや虐待など、犯罪以外の様々なトラブルの解決法としても広まっているもの。一見すると、いじめ問題を抱える日本にも導入すべきものに思えます。しかし、考え方はいいかもしれませんが、この連邦政府補助金によって導入されたシステムは、ファニア・デイビスがプロジェクトアドバイザーとされ、その対象には「白人特権」が含まれています。

これは典型的な左翼思想教育の一つと言えるでしょう。ちなみに、デイビスの姉はアメリカ共産党員として活動していたことがあります。

PDEの報告書の一部を紹介しましたが、税金を使った左翼活動家養成が進められていたのです。「教育省の解体」と聞くと過激なやり口に思えるかもしれませんが、教育省は国を内部から破壊する工作機関になっていた現実があったのです。

教育省という名の左翼団体

保守共和党側は、「バイデン民主党政権が『司法の武器化』をしている」と批判をしていましたが、正確には「国家権力の武器化」と呼んだ方がいいかもしれません。

オバマ政権で新設され、トランプ政権で稼働停止、バイデン政権で再稼働した教育省傘下機関に「Office of Enforcement（執行部）」があります。この組織は、連邦政府の学生ローン、補助金、プログラムに参加する教育機関を監督し、連邦学生支援プログラムの規則に従い、学生に質の高い教育を提供することを目的に運営されているはずでした。

２０２４年11月に『The American Principles Project（アメリカの原則計画／以下ＡＰＰ）』の報告書で、教育省執行部による、キリスト教系学校と小規模な私立専門学校を標的にした活動が行われていたことがわかりました。

民主党は左翼に飲み込まれています。左翼共産主義勢力は国家の伝統を破壊したいため、キリスト教の破壊を望んでいます。また、民主党の支持母体の一つが公立学校関連の組合です。有名なところでは『全米教育協会』と『アメリカ教員連盟』があり、政治献金の90％以上が民主党です。

民主党は私立専門学校を「利益追求」と批判しています。たとえば、民主党連邦上院議員でナンバー2のディック・ダービンは「教育省に積極的な執行部を設置し直すことが、営利目的の大学の責任を追及する鍵である」として、執行部の再稼働を歓迎しました。

ＡＰＰの報告に調査によると、キリスト教系学校や小規模私立専門学校の生徒数は、全米の大学生徒数の10％にも満たないにもかかわらず、教育省執行部による罰金や補助金差し止めが行われた事例の70％を占めていました。

アメリカの名門私立大学8校「アイビーリーグ」（ハーバード、イェール、ペンシルベニア、ブラウン、コロンビア、コーネル、ダートマス、プリンストン大学）には、教育省執行部よる制裁はありませんでした。

教育省・司法省・ホワイトハウスの結託

教育省の闇を話すのに忘れてはならないのが、「保護者テロリスト事件」です。これは拙著『左翼リベラルに破壊され続けるアメリカの現実』(徳間書店)で詳述しましたので、概略だけ紹介します。

コロナ禍前後、学校の教育方針(批判的人種理論=自虐史観)や、コロナパンデミックに関連する規制(マスク義務・自宅学習)をめぐり、保護者と教育委員会の間で対立が激化していきました。

そこで、保守系の保護者からの抗議の声を潰したい民主党団体と化している「全米教育委員会協会」が、バイデン政権と一芝居を打ちます。2021年9月29日、全米教育委員会協会はホワイトハウス宛にレターで、「公立学校と公教育、教育リーダーたちが差し迫った脅威に晒されている」という文言で始まる請願を出します。

要点は次のとおり。

・批判的人種理論デマを信じるやつ、反マスク集団によって、教育委員会が脅威に晒

されている
・抗議活動者は『国内テロ犯罪者』『ヘイト犯罪』と変わらない
・FBI、国土安全保障省の国家安全保障局と対テロ部門を起用して対処してほしい
・テロ対策法の『Patriot Act「愛国者法」』を適用すべき

このような、学校に抗議する保護者をテロリスト扱いする衝撃的な文書でした。6ページの中で、「暴力」「脅迫」「脅威」という言葉は23回使われていました。

10月4日、メリック・ガーランド司法長官は司法省傘下のFBI、各地の連邦検察官に対し、30日以内に各地の教育委員会とミーティングを実施し、保護者からの脅威に対応するように命令を出します。

つまり、バイデン司法省は正式に、我が子を思う保護者をテロリストと認識し、法的措置を検討するように動き出していたのです。

保護者をテロリスト扱いしたことで全米教育委員会協会は大炎上。同協会は、10月22日にテロリスト扱いしたことを撤回・謝罪するも火の手は収まらず、25州が協会から脱退しました。

この保護者テロリストレター作成は、全米教育委員会協会が自発的に作成したものではありません。バイデン政権によって指示されたものだったのです。

9月上旬、名前は伏せられていますが、バイデン政権の国内政策補佐官とホワイトハウス補佐官、司法省市民権部門高官が保護者対策について協議、全米教育委員会協会との連携を決定していました。

情報公開請求により、全米教育委員会協会の内部メールが公開されていて、その中に、「コルドナ教育省長官の要請により、ホワイトハウスに事情説明するための文書を作成しているときは……」という一文があったのです。つまり、全米教育委員会協会の保護者テロリストレターは、保守派の弾圧をしたいバイデン政権がつくらせたものだったのです。

10月21日ガーランド司法長官は下院司法委員会に召喚され、事情説明を求められました。ガーランド司法長官は「司法省、FBIは対テロ部門を使っていない」「どのような状況でも、Patriot Act（テロ対策法）の保護者への適用は想像できない」「保護者を国内テロリストとは考えていない」と証言しました。

ところが、ＦＢＩ内部告発者により、ＦＢＩ犯罪捜査部門と対テロ部門の合同通達で、ＦＢＩの犯罪情報タグに新たに『EDUOFFICIALS』を追加するという指示が10月20日にあったことが発覚。これは、教育委員会等に抗議活動をする団体・個人の情報を集積するための新たなカテゴリで、メールには具体例も挙げられていました。

ガーランド司法長官の否定発言の前日、本当に全米教育委員会協会の請願どおりに、抗議する保護者をテロリスト扱いし、ＦＢＩが犯罪捜査ファイルの作成を開始していたのです。

バイデン民主党政権により、教育省は越えてはならない一線を大きく越えていたのです。教育長官が変わろうとも、教育省のキャリア官僚は変わりません。

ＤＯＧＥによる人員削減は、修復不可能なところまで左傾化した政府機関を、ショック療法で治しているのです。

DOGEが暴く闇❷
アメリカのサイフを握る財務省の大穴

身分が証明できない多数の人に補助金を送付

マスクが2025年2月8日に明かしたところによると、アメリカ財務省は年間約1000億ドルを、社会保障番号（日本のマイナンバー）や一時的なID番号の振り分けすらされておらず、身分が証明できていない受取人に送金していました。

少なくとも半分の500億ドルは詐欺や不正請求というのが、財務省職員の共通認識とのこと。毎週10億ドルが詐欺や不正請求によって喪失しているということなのです。

DOGEが財務省の支払いデータを確認したところ、財務省経由の支払いのカテゴり分けがされずに空白になっているものが多く、支払われた資金の追跡監査がほぼ不可能なものがあることも発覚しました。

ＤＯＧＥの勧告を受け、財務省はすべての支払いをカテゴリ分けし、監査しやすくすることで合意しています。

犯罪者・死亡者・テロリストのフロント企業など、連邦政府から支払いを受け取るべきではない個人や団体、企業に誤って送金しないようにするための「Do-Not-Payリスト（送金禁止リスト）」を財務省は作成していますが、ＤＯＧＥの調査によって、リストの更新が最大で1年かかっていることがわかりました。

リスト更新がされるまでに時間がかかるため、支払いを受け取るべきでない個人や団体に資金が流れ続けていた可能性も指摘されました。マスクは毎日か、少なくとも毎週更新するべきと提案しています。

このような大穴があるのが超大国アメリカの財布を握る財務省の実態なのです。

ところが『ニューヨークタイムズ』は、2月11日に「マスクは不正だらけの官僚機構を是正していると証拠もなく主張」と題し、マスクの主張は根拠がないものとしています。

バイデン民主党政権下でも、このような不正は指摘されていました。２０２４年４月16日、『政府説明責任局』は、「２０１８年〜２０２２年のデータ分析の結果、連邦政府は毎年２３３０億ドル〜５２１０億ドルの詐欺被害を受けている」と発表しています。

マスクが指摘する前に、政府機関からもマスクの主張する数倍の不正行為被害の実態がしっかりと明かされているのです。

マスクから個人情報を守れ！

ＤＯＧＥが財務省データにアクセスしたことで、左翼や民主党をさらに発狂させたのが、２月13日の『ロイター』の報道で明らかになった、ＤＯＧＥがアメリカ歳入庁（ＩＲＳ）に立ち入ったことです。

民主党連邦上院議員ロン・ワイデンはXへの投稿で、「マスクの子分はアメリカ中の納税者に関するデータの宝庫を掘り起こすことができる立場にある。もしあなたの還付が遅れているのなら、彼らが原因である可能性が非常に高い」と投稿。

その後、エリザベス・ウォーレン民主党連邦上院議員と共同書簡をIRS局長に送付し、「納税申告書および申告情報は、法的なプライバシー保護の対象で、DOGE職員がこれらのシステムにアクセスすることを許可することは、これらの法令に違反する可能性がある」と指摘しました。

CNNはこの書簡を引用し、DOGEが社会保障番号・銀行口座情報・確定申告書類などの個人情報にアクセスできることを危惧する報道をしました。

当たり前ですが、彼らは本当に国民の心配をしているのではなく、DOGEの妨害をしたいだけです。なぜそう言い切れるかというと、そもそもバイデン民主党政権下で、IRS職員ではない人物に情報アクセスを許していたことがわかっているからです。

2024年9月9日の財務省監査長官報告書によると、2023年9月時点（＝バイデン民主党政権下）で、291人の下請け業者、74人の連邦政府職員、53人の無報酬の人物が、IRSデータベースにアクセスすることが許可されていました。

無報酬の人物というのは、リサーチャーや学生ボランティアで、民主党が危惧している一般人が重要なデータにアクセス可能だったのです。個人のマスターファイル、ビジネスのマスターファイル、確定申告書類、納税者の連絡先情報、納税者とＩＲＳエージェントのやりとり、ＩＲＳによる行動履歴といった、ハイレベルな個人情報です。

本当に国民のことを心配しているのであれば、1年半前に発狂していなければ辻褄が合いません。２０２４年5月にトランプ大統領を含めたＩＲＳのもつ確定申告情報が流出した際にも発狂していけなればなりません。

このときはトランプ大統領だけでなく、「7万人以上に影響がある」とＩＲＳ報道官が明らかにしていましたが、２０２５年2月25日に下院共和党が「40・５万人の情報が流出していた」と明らかにしました。

しかし、この件に関しても民主党は批判を行わず、「マスクガー」「ＤＯＧＥガー」と言うだけです。ＤＯＧＥの活躍により、このような民主党の醜い本性も明かされているのです。

DOGEが暴く闇③
“活動家”裁判官が終身の連邦裁判官に！

不適格者が連邦裁判官に指名される

『ジャスト・セキュリティ』のまとめによると、執筆段階（2025年3月初旬）でトランプ政権に対する裁判は134件あります。毎日2件以上のペースで起きている計算です。

大統領選挙直後の2024年11月14日『ニューヨークタイムズ』報道で、民主党系法律団体『Democracy Forward』が、第二次トランプ政権発足に向けた準備を選挙前から進めていたことがわかっています。800人以上の弁護士、280団体が、トランプ大統領が選挙で勝利することを前提に、提訴準備、想定される裁判の争点整理や、600の優先法律脅威に関するワークショップを開催していたのです。こうした準備があったからこそ、トランプ政権発足初日から裁判が起こされているのです。

準備万端だった反トランプ左翼団体と「活動家裁判官」が力を合わせ、トランプ政権のアメリカ再建を止めようとしています。

アメリカの裁判官は大きく分けて2種類あり、連邦裁判官と州裁判官があります。州裁判官は州ごとに制度が異なりますので一括りにできませんが、選挙や州知事の指名により選出され、任期に制限があり、選挙で州民審査を受けることがほとんどです。

連邦裁判官は大統領が指名し、連邦上院議会が承認します。そのため、共和党大統領であれば保守系判事、民主党大統領であればリベラル系判事が指名されることになりますが、オバマ政権、バイデン政権はリベラルという範疇を完全に超えた「左翼活動家」が裁判官のふりをしています。

拙著『謀略と戦争を仕掛け、敗北するアメリカ』(ビジネス社)で紹介したのが、シャルネル・ビェルケングレンとケイト・クルーズです。

２０２３年1月25日に指名承認公聴会に登場したシャルネル・ビェルケングレンは、共和党ジョン・ケネディ連邦上院議員の「憲法５条に関する見解を述べてください」という質問に対して衝撃的な返答をしました。憲法５条は憲法修正手続きに関する内容です。

ビェルケングレンの返答は「何も思い浮かびません」でした。

唖然とするケネディ議員は「では、憲法２条に関してはどうですか？」と問います。

これに対しても「何も思い浮かびません」と返答。

その後、別の法律解釈に関する質問にも「わからない」と返答。

そして、「私の12年間の司法次官補の経験、９年間の〝裁判官〟の経験で出会ったことのない質問です」と主張します。

そうです、この人、なんと裁判官なんです。民主党が圧倒的支配をするワシントン州の司法長官オフィスで司法次官補として勤め、スポケーン郡の現役の裁判官なのです。

３月22日に指名承認公聴会に登場したケイト・クルーズは、ケネディ議員の『Brady motion』をどのように分析しているか話してください」に驚きの返答をします。

「？？？」の顔をし、宙を見上げ、「4年半の裁判官の経験の中で、取り扱ったことはない」と回答。

ケネディ議員に「『Brady motion』を知っているか」と聞かれ、クルーズは「〝裁判官〟として取り扱ったことがないので、何かわかりません」と回答します。

ケネディ議員は「連邦最高裁のブラディ対メリーランドの判例を思い出せますか」と聞きます。クルーズは「名前は思い出せます」と回答、ケネディ議員は「何に関する裁判か」と追撃します。

これに対し「修正憲法第2条（銃所持の権利の保障）に関するものだ」と回答します。おそらく「共和党議員なら銃の権利のことを聞いてくるに違いない」と勘を働かせたのだと思います。

『Brady motion』（ブラディ動議）は、「ブラディルール」に則り、弁護側による検察が保持する証拠品の提供の申し立てがあった場合、被告人の無罪を証明する可能性があるものを含め、すべての証拠品を開示しなければならないルールのこと。1963年連邦最高裁のブラディ対メリーランド裁判が由来です。

クルーズは、憲法で保障されている被告人の権利に関する重要なものについて、「知らない」「銃の権利に関する裁判」とトンチンカンなことを言ったのです。

クルーズの発言にもあるように、彼はすでにコロラド州で裁判官として4年半の経験を積んでいます。すでに不適格者が人を裁いているのです。

このような適格のない人物が、オバマ政権、バイデン政権下で連邦裁判官に送り込まれていました。

大問題なのは、アメリカ合衆国憲法規定により、連邦裁判官は下級裁～最高裁まですべて終身制で、辞任・死去・弾劾でのみ、裁判官の地位を失うということです。

つまり、一度活動家裁判官を就任させると、よほどのことがない限り、裁判官を辞めさせることができないのです。

トランプ政権に立ちはだかる利益相反活動家裁判官

すでに不適格裁判官により、トランプ政権の動きが止められています。

1月28日、ロードアイランド州連邦地方裁判所は、トランプ政権の海外支援補助金の凍結を解除するように命令を出しました。民主党の州司法長官が、トランプ政権が海外支援の精査をするため、一部の例外を除いて海外支援を凍結したことに対して、共同提訴していたのです。

この裁判を担当したのが、ジョン・マコーネルです。2019年以降、ロードアイランド州連邦地方裁判所の裁判長を務めているマコーネルは、2010年にオバマが指名した判事。

この当時、マコーネルの過去の民主党政治献金経歴が問題視されました。連邦裁判官に指名される人物が、どちらかの政党に政治献金をしている例は珍しくありませんが、マコーネル裁判長の政治献金額は異常でした。1993年~2010年までに、妻と合わせて69・4万ドルを民主党に寄付していたのです。このときは連邦上院議会は民主党が多数でしたから、共和党にマコーネルを止めることはできませんでした。

さて、マコーネルのトランプ政権海外補助金凍結解除命令は、アメリカ連邦政府から補助金を受け取っているNGO団体にとって喜ばしい知らせでした。

同時に、マコーネル個人にとっても喜ばしいことでもあります。なぜなら、マコーネル本人が、NGO団体の取締役だからです。

マコーネルはオバマに裁判官として指名される前から、多額の連邦政府補助金を受け取っているNGO団体「クロスロード・ロードアイランド」の取締役でした。2006年〜2008年に取締役、2009年〜2010年副代表、2011年〜2021年に代表、現在は名誉代表の役職に就いています。

名誉代表としての報酬はありませんが、連邦補助金を受け取っているNGO団体の幹部が、連邦補助金の凍結を解除するように命令したという、利益相反関係の教科書のようなことになっているのです。

マコーネルが副代表に就任した2009年から2023年までの期間で、「クロスロード・ロードアイランド」は連邦政府補助金を1・18億ドル受け取っています。2023年度の確定申告書類によると、約3000万ドルの収入のうち、半分以上の1860万ドルは連邦政府補助金でした。

マコーネルのNGO団体にとって、連邦政府補助金凍結は、死活問題だったと言えるでしょう。

２０２１年のインタビューで、「トランプは独裁者」と発言していたマコーネルは、「自分は中間層で白人で特権をもつ人物」で、「女性・黒人・トランスジェンダー・貧困層・富裕層の立場を理解し、彼らの立場に沿った判決を出す必要がある」と、法は平等ではなく、立場によって変わるという持論をもち、「レイシズムは白人の問題で、白人が解決すべきこと」とまで言っている、典型的な左翼活動家なのです。

第二次トランプ政権やＤＯＧＥの活動を、法に基づかずに差し止めている裁判官はまだまだいますが、マコーネル裁判長のケースや、先述した憲法をまったく理解していない裁判官の存在で、アメリカ司法が崩壊しかけていることがわかるのではないでしょうか。

残念ながら司法府に行政府が手出しすることはできませんので、ＤＯＧＥの活躍でどうこうできる話ではありません。弾劾するという方法もありますが、左翼に乗っ取られた現在の民主党議員が、弾劾に賛成するわけがありませんので、不可能。引退するのを待つしかないのです。

司法反乱の実態

日本のニュースでも、トランプ政権やDOGEの活動に対して、裁判所が差し止め命令を出したという報道を、よく目にしているのではないでしょうか。

トランプ政権に対する裁判所の介入は異常なことになっています。1963年以降の大統領と比較すると、裁判所から出された差し止め命令の数は、半分以上がトランプ政権に対するものです。

1963年～2025年3月（執筆中）の期間中、122件の全米差し止

裁判所が出した全米差し止め命令の数（1963年以降）

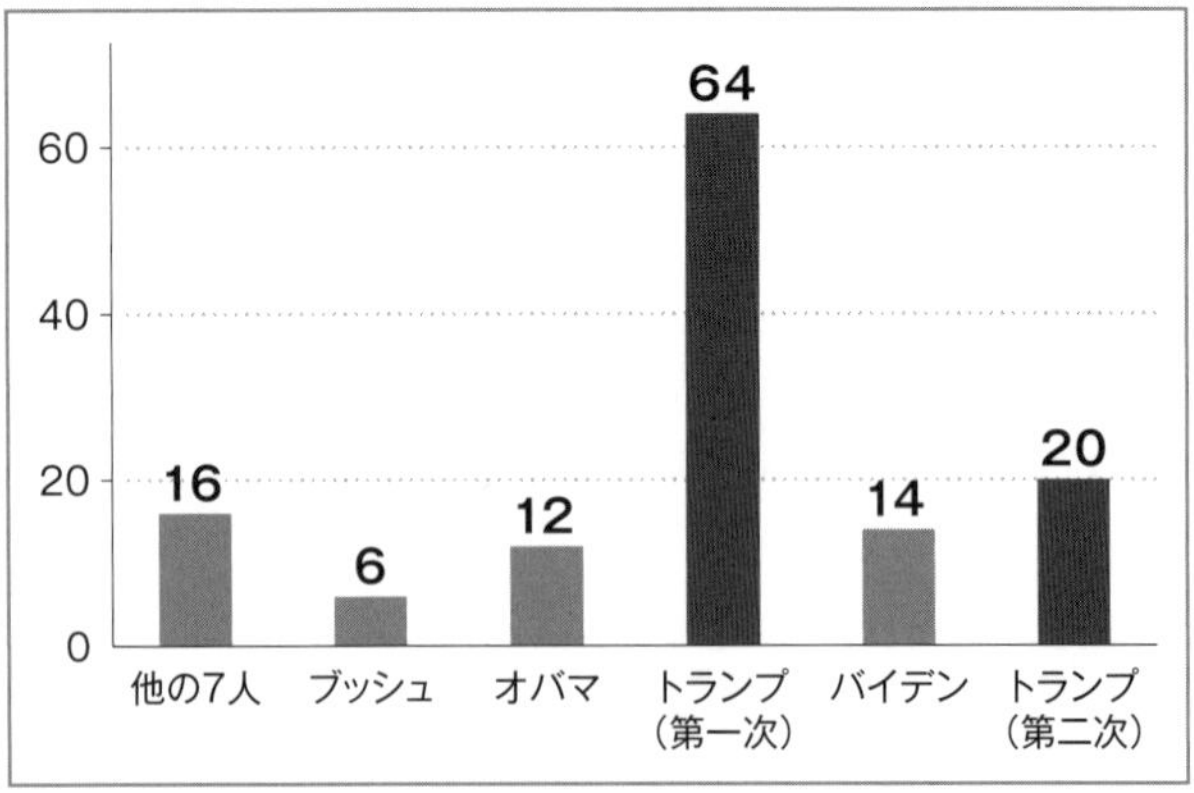

1963年以降の各大統領の任期期間中に裁判所が出した、差し止め命令の数。トランプ大統領は群を抜いて多い。

め命令がありました。このうち、第一次トランプ政権に対しては64件で、ほぼ過半数を占めており、第二次トランプ政権は発足から2カ月で、すでに20件あります。

他の大統領と比較しても、異常なことになっているのがわかると思います。ちなみに第一次政権時に差し止め命令を出した担当判事の92・2％は、民主党大統領指名の判事です。風刺サイトの『バビロンビー』は、この司法反乱に関する風刺として「トランプ氏、大統領の座を退き、さらに強力な地方裁判事になる」と題した記事を出しています。

笑ってしまうタイトルではありますが、執筆段階でトランプ政権は連邦地方裁判事により、ことごとく妨害を受けています。国際テロ組織メンバーの強制送還が差し止められ、大統領が権限をもつ人事が差し止められ、アメリカ軍最高司令官の大統領と国防長官が出した米軍の内部規則改定が差し止められるという、とんでもないことになっているのですから、笑っていられない事態です。

大手メディアや民主党は「民主主義を守っている」と主張していますが、三権分立が崩壊しているのが現状なのです。

DOGEの波はカナダにも到達

アメリカの隣国カナダに私は住んでいますが、ここにもDOGEの波が押し寄せています。

カナダ国際関係省はUSAIDと同じような海外支援を管轄しています。人道支援や途上国支援が多くを占めているのは間違いありませんが、カナダに税金を納めさせられている私としては、「脱税してやろうかな」と思ってしまうほど、意味不明なことに税金が使われていることがわかっています。

いくつか具体例を紹介します。

・ミュージカル「レズビアン海賊団」に1700ドル
・「適切な土地認知の方法についての率直な議論」に3900ドル
・エストニアの音楽祭でDEIを宣伝するのに7500ドル
・オーストリア、台湾、オーストラリアの高齢者がセックスについて話すイベントに1万2000ドル（このイベントは「カナダの価値観と言論の自由と寛容さ」を推

進する名目）

・フィリピンにおける国民皆保険のためのジェンダー対応システム・アプローチに7万2000ドル

・アカデミー賞パーティーに1万3000ドル

・ドイツのセックストイアート（大人のおもちゃを使った芸術）に8800ドル

・南米のプライベートセクターで気候変動緩和とジェンダーに対応した持続可能な経済開発に2億2300万ドル

・アジアの民間部門に、低炭素で気候変動に強いイニシアチブを開発し、地域のジェンダー平等を推進するのに、3億5000万ドル

長くなるのでここで割愛しますが、カナダ政府が世界にばら撒いたムダ金はまだまだあります。日本を含め同じようなことは、筋の通ったリーダーがいない国ならどこでも起きていると思います。

マスクの覚悟

世界中で広がりを見せるテスラへの攻撃

本書の執筆中、トランプ大統領がホワイトハウスでテスラ車を購入し、アピールするイベントを急遽行いました。マスクがDOGEで無償協力していることに対して、〝抗議活動〟という名の破壊活動が世界規模で起きているためです。

3月14日時点の『フォーブス』のまとめによると、オレゴン州、メリーランド州、マサチューセッツ州、サウスカロライナ州、ワシントン州、コロラド州のテスラディーラーやテスラ充電ステーションで、火炎瓶・放火・発砲・スプレーによる落書き・タイヤ破壊といった破壊活動が行われています。2020年のBLM大暴動のときを思い出されるようなことが起きているのです。

テスラ車を保有している一般人にも被害が拡大していて、「この車を売却して、マスクに抗議をしろ」という張り紙がされたり、コイン傷をつけられる被害が報告されています。執筆中にも、SNSで車載カメラの映像と共に、「この犯人の特定を！」と情報提供の呼びかけを行う投稿がいくつもあります。

『ドージクエスト（Dogequest）』と呼ばれるウェブサイトも登場しています。全米のテスラディーラー、充電ステーションの位置に加え、DOGEで活動する個人の住所、さらにはテスラ車を所有する一般人の情報までがまとめられている、とんでもないサイトです。個人の住所は地図上で火炎瓶のアイコンで表示されています。

本稿執筆段階でウェブサイトはオフラインになっていますが、『404メディア』が事前にスクリーンショットを保存してどのようなウェブサイトだったかを報じています。ウェブサイトには、AIを使って集めたテスラ所有者の名前、住所、電話番号がまとめられています。「テスラ車を売却した証明を指定したメールアドレスに送れば、ウェブサイトから削除します」とあり、テスラキャンセルに加担しなければ、個人情報の暴露はやめないという、脅迫のようなことをしています。

暴力活動は民主党支持者にも飛び火していて、ワシントン州リンウッドに住む女性は、テスラ車を運転していたところ、顔を隠した男が運転する車に執拗に追いかけられ、最後は道の真ん中で強制的に停車させられます。この男は「ナチスの車を売れ」と叫んできて、その一部始終がカメラに映されていました。

この女性は政治的には左派を自称していて、この男が標的にすべき相手ではありませんでした。しかし、車を見ただけでは思想はわからないので、無差別な脅迫行為にエスカレートしていることがわかります。

このような暴力・脅迫行為はアメリカにとどまらず、イギリス、フランス、ドイツ、そしてカナダでも起きています。

こうしたテロ事件が起きていることを理由に、マスクにDOGEから手を引くように求めている人がいますが、とんでもないことです。DOGEの活動は政治的なものであり、それを暴力活動で止めるというのは、共産主義者による暴力革命を支持するようなものです。

かつてBLM暴動で警察予算削減を叫んでいた人々の多くが正気を取り戻したように、エスカレートすることなく、落ち着くことを願うばかりです。

左翼の念願が叶った？

破壊活動が続いていることを受け、トランプ大統領は「国内テロ事件に指定する」と発言。これに対し、MSNBCは「抗議活動の一形態であり、国内テロ事件ではない」と、放火・発砲・破壊行為を正当化し、CNNも民主党議員をゲストに招いて、国内テロ事件ではないと主張しています。

言い換えると、これらのメディアは暴力を「抗議活動」として正当化することで、「もっとやれ」と言っているようなものです。

そんな左翼勢力の念願が叶ったような報道が執筆時に出てきました。『ポリティコ』が2025年4月2日に、「トランプ大統領が閣僚を含め、側近たちにマスクが数週間以内にDOGEを離れる」と伝えていると報じたのです。すべてが「関係者の話によると」という語り口なので、どれだけ脚色が含まれているのかわかりませんが、マスクの予期できない行動や、政治的責任リスク、ウィスコンシン州最高裁選挙の大敗といった事実に対し、トランプ側近たちの中で反発が生まれ、マスクを切り離すべきと考えている人が増えていたよう。

予期できない行動というのは、週末に連邦政府職員宛てにメールを一斉送信し、成果報告をするように要求したことが具体例として挙げられていて、社会保障制度を「巨大ポンジ・スキーム（投資詐欺の一種）」と批判しているのですが、これは民主党の「共和党が社会保障をカットする」という攻撃に利用されかねないもので、政治的な責任リスクだと指摘されています。

また、4月1日にウィスコンシン州で州最高裁判所判事の選挙があり、マスクは共和党候補への支持声明を出しただけでなく、少なくとも３００万ドルを投入、１００万ドルをイベント参加者の当選者に渡すといった、全力支援を展開していました。

ところが、民主党候補に10％の得票率差をつけられるという大敗を喫したのです。

州最高裁は各州の連邦下院選挙区の最終裁定権をもつため、民主党の勝利は、民主党に有利な選挙区改定を認めることになり、共和党は下院議席で2議席失う公算です。非常に重要視された選挙でしたが、民主党に敗北したことで、マスクの影響力に限界があり、むしろ中道派の票を失うことにつながっているという懸念があるのです。

２０２６年11月中間選挙で下院議会の多数議席を共和党が失うようなことになれば、

予算編成や法案整備でトランプ政策はまったく前に進まなくなりますし、弾劾発議の権利を民主党が得ることになり、適当な理由をつけてトランプ大統領らに弾劾を連発する危険性もあります。このようなリスクを考慮して、マスクの退任をトランプ大統領の周辺が求め、トランプ大統領が応じたというのが、『ポリティコ』の報道でした。

真相は本人たちにしかわかりませんが、シンプルに任期の問題だと思います。マスクは「特別政府職員」というポジションで、トランプ政権にDOGEを通じた助言をしています。特別政府職員は最大で130日間という期限付き。5月末にこの期限を迎えるため、内紛があったわけではなく、ただ単に区切りがいいだけなのです。

特別政府職員は「365日の間に130日間」という規制があるため、連続で特別政府職員に就くことはできません。

また、2025年2月にJPモルガンが主催し、フロリダ州で開かれた投資家向けのカンファレンスで、マスクはDOGE退任のタイミングに言及していました。この場で「4カ月程度」と、5月末の特別政府職員任期切れのタイミングに言及していたのです。

つまり、マスクが2026年7月の、DOGEの期限以前に退任することはサプライズでも何でもなく、予定通りなのです。

先述しましたが、第二次トランプ政権の閣僚承認が終わったことにより、DOGEではなく、各省庁の長官たちによる政府効率化ができる体制が整ったことで、政府効率化のやり方が「メス」のように繊細な手法に切り替えられると、トランプ大統領が話しています。

『ポリティコ』の報道は、マスクがDOGEを早期退任するという事実はそのとおりかもしれませんが、その理由が捻じ曲げられたものになっていたのです。

DOGEの活動に強引なところがあるかもしれませんが、それだけのことをしなければ、第一次トランプ政権の4年間で手出しできず、むしろ第一次政権の妨害をしていた「ディープステート」とも呼ばれる勢力の一掃はできないのです。

私の祖国日本や、現在住んでいるカナダにも、マスクとトランプ大統領のような強烈コンビが誕生することを願うばかりです。

第3章

中国とマスクの危険な関係

イーロン・マスクは敵か味方か？

中国を離れるアメリカ企業

２０２４年大統領選挙でトランプ共和党が、大統領選挙、連邦上院、連邦下院すべての選挙で完勝することができたのは、マスクの活躍があったからなのは間違いありません。大統領選挙前の演説や巨額の選挙資金投入もそうですが、ツイッター（現「X」）を買収したことで、民主党左翼勢力は都合の悪いことを検閲できなくなりました。

「言論の自由」をマスクが守ったことで、大手メディアの偏向報道や、操作されていた世論調査に気づくことができた人が増えた可能性は非常に高いでしょう（大手メディアの偏向報道や世論調査操作の方法に関しては、拙著『トランプ圧勝』（徳間書店）

を参照ください)。

マスクは大統領選挙後の政権移行に関与し、第二次トランプ政権始動後にはDOGE指揮官として、アメリカ政府の膿《うみ》を出し尽くそうとしています。

とはいえ、私を含め、心のどこかで「マスクは本当に信用してもいいのか?」と疑問に思っている人もいるかもしれません。これまではマスクの活躍という、良い面ばかりを紹介してきましたが、本章ではマスクの信用できない点を、2019年に永住権の提案まで受けている中国との関係性から深掘りしていきます。

2024年、アメリカ商工会議所が中国に拠点をもつアメリカ企業を対象に、「中国からの移転を検討しているか」という調査をした結果、約30%が「検討している」と回答しています。

2023年の調査で24%と過去最高を記録しましたが、それを上回る結果でした。

今回の調査は2024年10月21日~11月15日にかけて実施されていて、トランプ勝利が決まった11月5日の前後でした。トランプ勝利を予期していなかった企業の回答が変わる可能性もあるため、実際はもっと高い数字かもしれません。

67％の企業は「中国に残る」と回答していて、いまだに過半数ではあるものの、前年度の調査から10％下がっています。

『新華社通信』の報道によると、1月19日に翌日の大統領就任式のためにアメリカを訪れていた中国使節団とマスクが会談しています。韓正《かんせい》国家副主席はテスラをはじめとする米国企業に対し、「中国の発展の機会を捉え、その果実をわかち合い、中米経済貿易関係の促進に新たな、より大きな貢献をする」よう求めたと報じられています。

これに対しマスクは、「テスラは中国との投資協力を深め、両国間の貿易で積極的な役割を果たす」ことを望んでいると応じたとされています。

執筆段階でトランプ政権が対中国関税を強化していることに対して、マスクからの発言はないため、そこまで心配する必要はないのかもしれませんが、テスラの業績に著しい影響が出てくると、状況は変わるかもしれません。

板挟みになっているのは誰か？

アメリカ、中国、イーロン・マスクの関係をざっくりと整理してみます。

マスク（テスラ社）は中国という巨大市場、上海に「ギガファクトリー」と呼ばれる大工場をもつことから、米中関係の冷え込みは避けたいと思っているでしょう。

トランプ大統領にとって、マスクの存在が重要なのは間違いありません。SNSだけでなく、連日ニュースになり続けていることで、マスクの社会的影響力は強く、莫大な政治資金と合わせ、共和党にとっては欠かせない存在と言えます。

一方で、対中国関税の発動や、脱炭素詐欺政策の転換により、マスクの経営するテスラの利益に反することが、トランプ大統領の選挙公約どおりに進められています。

中国としては、国内経済が危機的状況にあると指摘されている中、アメリカとの関係を完全に切ることはできないでしょう。BRICSを中心とした世界秩序の再編に期待していたかもしれませんが、第二次トランプ政権がそれを阻止しています。

BRICSは、ブラジル・ロシア・インド・中国・南アフリカによって形成された経済的枠組みですが、バイデン政権下で世界秩序が崩壊し、アメリカ依存体制からの脱却を狙う国々が、BRICS加盟を求めて殺到しました。

2024年1月にイラン・アラブ首長国連邦（UAE）・エジプト・エチオピアが加盟し、加盟国数はさらに増えていく見込みです（アルゼンチンは加盟が決まっていましたが、ミレイ大統領就任で撤回)。

BRICS加盟を求める国々が狙うのは、「脱ドル」です。BRICS独自の通貨を発行する構想もありますが、現実的ではなく、2023年のBRICSサミットで、自国通貨による取引を増やすことで合意がありました。

トランプ大統領はこのような脱ドルの動きに対し、「米ドルを捨てる国には、100%の関税を課す」と牽制しています。また、第一次トランプ政権に引き続き、対イランに最大限の圧力をかけると発表し、BRICSに加盟したイランを切り離す動きがあるため、思ったほどBRICS勢力がまとまることは期待できないでしょう。

執筆段階で、ロシアはアメリカの仲介によりウクライナとの和平に動いています。ロシアのウクライナ侵攻後、中国とロシアは表面上の関係を深めていましたが、これからどうなるかわからなくなってきました。

このように、アメリカ(トランプ大統領)、マスク、中国の関係を見ると、切っても切れない関係にあり、中国としてはマスクを橋渡し役として使いたいという思惑があるのは間違いないでしょう。

テスラの倒産を2回も救った中国

中国はテスラを厚遇

テスラは2度の倒産の危機を乗り越え、電気自動車の顔に成り上りました。

最初の危機は２００８年。あと3日で倒産するところ、クリスマスイブに資金調達の目途が立ちました。二度目の危機が２０１７年～２０１９年で、あと1カ月で倒産するほどギリギリだったとマスクは懐古しています。

最大の転機になったのが、『ニューヨークタイムズ』が「テスラの二度の大勝利」と指摘する、２０１７年と２０１８年の中国政府の政策転換です。

現在ほどの販売台数のなかったテスラが生き伸びることができたのは、「炭素クレジット」や「地球温暖化ガス排出権」などと呼ばれる仕組みです。

アメリカのカリフォルニア州は、自動車メーカーが州内で自動車を販売する場合、電気自動車のような無公害車を一定比率以上販売することを義務付けていて、その目標を達成できなかった場合、多くの自動車メーカーは罰金を支払うか、他のメーカーから炭素クレジットを購入しなければなりません。同様の仕組みはEUでも導入されていて、テスラの売上の一部を支えています。

中国はテスラの熱心なロビー活動を受け、2017年にこの仕組みの導入を決定、2019年から運用が始まりました。これはテスラの一度目の大勝利でした。

二つ目の勝利は翌2018年。それまで中国政府は、国内の自動車生産工場は中国人が共同経営することを義務付けていました。マスクはこの規制の撤廃を望んでいて、中国政府はテスラの「ギガファクトリー3」建設のため、共同経営の義務をなくしました。

当時、上海市の中国共産党トップで、現在の中国首相・李強《りきょう》により、テスラのギガファクトリー建設は急ピッチで進められ、低金利で110億元のローンを受けることができました。

なぜここまで中国がテスラを厚遇したかいうと、テスラを迎え入れることにより、国内電気自動車産業を活性化させたかったからで、その狙いどおりに中国の電気自動車業界は再編が急速に進み、世界を牽引しています。

中国はテスラの生命線

欧州自動車工業会のデータによると、2025年1月のヨーロッパにおけるテスラ車販売台数は9945台と、前年同月比で45%の急減でした。ヨーロッパでの電気自動車販売は37%増加していますから、テスラに問題が起きていると指摘されています。

2024年度のテスラ車ヨーロッパ市場販売台数はEU加盟国で13%低下し、ヨーロッパにおけるテスラ車シェアは1・8%から1%に低下しています。

ドイツでは電気自動車の販売が50%以上伸びている中、テスラは41%の減少を見せています。ノルウェーでは38%、フランスでは63%の低下です。

テスラ車販売不振の原因は大きくわけて三つあると、2025年2月26日の『ユーロニュース』『インディペンデント』『CBSニュース』は指摘していて、一つ目がヨーロッパの経済状況です。高インフレと景気停滞が消費者需要の重荷となっています。

二つ目に、第4章で詳述する、マスクの政治的発言です。勝てるわけがないウクライナを無限に応援し続けることや、社会保障負担になり、治安の悪化にもつながっている移民問題のような社会問題に対し、正論で問題解決に取り組もうとしている政党や人物はヨーロッパ各国にいますが、「極右」とか「ナチス」と呼ばれています。おそらく本書を手に取っている方の多くは、私と同様に、ヨーロッパの政治家やメディアに言わせると「極右」とか「ナチス」に当てはまるのではないでしょうか（笑）。

メディアや政治家の情報・発言を鵜呑みにしている人々は、マスクの発言を理解する以前に、聞こうともしません（それが「極右」「ナチス」とレッテル貼りする連中の狙いですが……）。そのようなマスクの社会的なイメージの低下が、少なからずテスラの業績に影響を与えている可能性があるのです。

三つ目が、競合他社の成長です。中国企業の躍進と、ベンツ・BMW・フォルクスワーゲンのような欧州自動車企業が電気自動車販売に注力するようになったことで、テスラの需要が落ちているのです。

ドイツの中古車販売プラットフォームの共同設立者のルーカス・パジャックは、「テスラは古いモデルに固執しているが、中国や欧州企業は新しいモデルを発表している」と、消費者に飽きがきていることも指摘しています。

一方で、業績不振に陥っている欧州市場とは違い、テスラの中国市場の業績は好調を維持しています。

２０２４年、中国で生産したテスラ車の欧州向け輸出は24％低下した一方、中国市場での販売台数は65万７０００台と８・８％増加し、過去最高を更新したと発表しています。テスラ車販売の36・７％が中国市場で、アメリカに次いで第2位を維持しています。

中国は、電気自動車とハイブリッド車の販売台数が世界の7割を占めており、欧州での業績不振が続けば続くほど、テスラ（＝マスク）にとって、中国はなくてはならない存在になり続けるのです。

「台湾は中国の重要な一部」という発言が波紋を呼ぶ

アメリカの国家方針では「台湾は中国の一部」

マスクがリモート出演した2023年9月12日のビジネスサミット『All-In Summit』の後半部分で、マスクは中国と台湾に関する重要な発言をしていました。

「中国のことをよく理解している」と前置きをした上で、「中国と台湾の関係は、ハワイとアメリカに似ている」とし、「台湾は〝中国の重要な一部〟でありながら、恣意的に中国の一部でなくなっているのは、そのほとんどが、アメリカ太平洋艦隊が力ずくで統一を阻止しているからだ」と、明らかに中国寄りの発言をします。

実際の収録動画を確認すると、「ビジネスリーダーとして、米中関係をどう見ているか」という質問に対する回答だったので、わざわざ「台湾は中国の一部だ」とまで踏み込んだ発言をする必要はなかったはずで、ビジネスの枠を越え、政治的な発言になっていました。

マスクの発言は中国でビジネスを続けるためには仕方がないことでしょう。テスラの電気自動車は360度カメラを搭載しているため、中国国内で軍事施設のような重要施設周辺の走行を制限されています。中国政府がその気になれば、「重大な国家安全保障リスクが発覚した」とでも言って、テスラの新車販売禁止のようなことが容易にできてしまうでしょう。

そのようなビジネス視点の背景があるとはいえ、マスクの発言はアメリカの対台湾・中国関係の国家方針に沿ったものではありません。

アメリカは1979年に台湾と断交して以来、アメリカ政府の対台湾政策は二つの柱で成り立っています。

一つ目は〝Strategic ambiguity〟(戦略的曖昧さ)、二つ目は〝One China Policy〟(一つの中国政策)です。

①〝Strategic ambiguity〟(戦略的曖昧さ)

中国と台湾、どちらにもあえて曖昧な姿勢を示すことで、どちらにも寄りすぎないようにすることです。目的は二つあります。

一つ目が、仮に中国が台湾に侵攻した場合、アメリカが軍事介入するかどうかを不明確にしておくことで、中国による台湾侵攻を抑止すること。もう一つが、台湾に近づきすぎないことで、台湾に独立宣言をさせないようにすることです。

1979年にアメリカで成立した「台湾関係法」には、アメリカの台湾に対する武器供与のような軍事支援は規定していますが、防衛義務は盛り込まれていません。

② 〝One China Policy〟(1つの中国政策)

アメリカは台湾の独立を支持しているように見えますが、アメリカ合衆国としての公式見解は「〝One China Policy〟(一つの中国〝政策〟)」です。

中国は、台湾を自国の一部と主張していて、これを〝One China Principle〟(一つの中国〝原則〟)と呼びます。

中国の「一つの中国原則」は、「Ⓐ中国はただ一つ　Ⓑ台湾は中国の一部　Ⓒ中華人民共和国は中国を代表する唯一の合法政府」というものです。

一方、アメリカの「一つの中国政策」とは、Ⓐ とⒷを〝Acknowledge〟(認識)し、Ⓒを〝Recognize〟(承認)するというもの。Acknowledge(認識)とRecognize(承認)は、法律的にはAcknowledge(認識)の方が弱い表現で、「主張は把握していますが、反対はしません」というようなニュアンスです。

アメリカ議会では2022年に下院議会、2023年に上院議会に〝Taiwan Protection and National Resilience Act〟(台湾の保護および国土強靭化法)が提出されています。中国の台湾侵攻に対して、アメリカ政府が迅速で有効な制裁等をできるように準備をする法案ですが、経済制裁が主な内容です。「一つの中国政策に変更はない」という文言が盛り込まれ、「軍事行動を許可しない」という文言も盛り込まれています。アメリカ議会は共和党も民主党も関係なく、総じて台湾支持の姿勢を見せていますが、重要なところ(法整備)では、曖昧さを残しているのです。

マスクの発言はアメリカ政府の基本方針に沿ったものに見えますが、「米軍の圧力によって、中国の台湾併合が阻害されている」ともとれるような発言で、これは中国の「一つの中国原則」と言えます。

先述したように、マスクとしては自分のビジネスを守る必要がありますから、致し方ないのかもしれませんが、肝心なところでトランプ政権の判断に影響が出ることがあるかもしれないのです。

２０２５年2月、アメリカの対台湾政策に変化が見られました。石破茂首相がようやく実現できた2月7日の日米首脳会談の共同声明で、「国際機関への台湾の意味ある参加への支持を表明」とあったのに続き、16日時点で国務省のファクトシートから「台湾独立を支持しない」との文言が削除されたのです。台湾の国際機関への参加についても、より強く支持する内容に変わっています。

しかし、マルコ・ルビオ国務長官は24日に中国の王毅《おうき》外相との電話会談で、「台湾独立を支持していない」とアメリカの従来の立場を説明しています。

２０２２年にバイデン政権でも、国務省のファクトシートから「台湾独立を支持しない」との文言を削除したことがあります。このときは中国側の抗議を受けて元に戻しましたが、今回はどうなるのでしょうか。

中国共産党に忠誠

マスクと中国の関係を懸念する人が指摘するのが、2023年7月6日の中国上海で開催された中国自動車フォーラムで署名された「自動車産業における公正な市場秩序維持のためのコミットメント・レター」です。これは中国自動車工業協会が主導して作成された文書で、作成されたきっかけは、2023年に入ってから始まった、電気自動車値下げ競争でした。

テスラが6%～13%値下げしたことで、他社も追従、しかし、中国国内の小規模な電気自動車企業からするとかなりの負担で、低価格競争で中国企業が苦境に立たされていたことが問題視されていました。

価格競争をやめ、中国経済の成長を支えることが目的でしたが、中には「中国の社会主義の中核的価値観をまっとうする」という文言が含まれています。

電気自動車を生産している16社が署名しましたが、15社は中国企業で海外企業はテスラだけでした。

『ウォールストリートジャーナル』の報道によると、署名するように働きかけられたフォルクスワーゲンは、フォーラムの演説で「価格競争は長期の発展を阻害し、消費者を傷つけることになる」と述べましたが、署名はしませんでした。

中国でビジネスをするために欠かせない中国共産党への忠誠ですから、ビジネス上のものだと言われたらそのとおりですが、フォルクスワーゲンのように、署名には応じない選択肢もあったのではないでしょうか。

中国の利になる裁判

テスラはヨーロッパで中国の代理人のようなことをしているという指摘もあります。

2025年1月22日、テスラとBMWはEUが課した関税に関する提訴をしました。EUは2023年に中国政府の過剰な補助金による安価な中国製電気自動車の実態捜査を行い、2024年10月に、過剰な中国政府補助に応じた関税を発表しました。

中国政府は企業に対し、低価格で土地を提供、低金利でのローン貸付、鉄鋼メーカーなどを補助金漬けにすることで原材料費を抑制するなどして、安価に電気自動車生産ができる環境をつくっています。

この補助金漬けにされた安価な中国製電気自動車がヨーロッパに流入することで、欧州製電気自動車販売に悪影響が出ていることが問題視されていました。EUは元々、中国製の自動車に10％の関税を課していましたが、補助金漬け具合によって追加関税が発表されました。

テスラは最も低く7・8％、BMWの中国製電気自動車には20・7％と、テスラと比較して約3倍です。中国企業では、BYDに17％、Geelyは18・8％、SAICにいたっては35・3％という高さでした。

こうした関税にテスラとBMWが反発したのですが、この裁判の結果次第では、EUは中国の電気自動車に対して関税を課すことができなくなります。自動車販売が中国経済を支える一つの柱ですから、テスラが中国経済を救うかもしれません。

マスクと中国の関係はアメリカにとって危険⁉

中国国民がXを使えないことをどう考えているのか？

２０２２年にツイッターを買収したマスクですが、ツイッターを一般の中国人が使うことができないのに対し、中国政府は使用可能という、不均衡な状態が続いています。

これに関してマスクは、２０２５年1月19日に調べた限りでは初めての言及をしていて、「中国人もXを使えるべきで、中国政府しか使えないのは、アンバランスだ」と指摘しています。

中国政府のアカウントや、読者の皆様もなんとなく顔が思い浮かぶであろう、日本のテレビでよく見かけた、過激な発言をすることで有名なとある中国人さんなんかは、中国の意見や立場を主張するのに活用しています。

中国以外にもXにアクセスすることが事実上不可能な国はあり、北朝鮮・イラン・トルクメニスタンのような国では、VPN（Virtual Private Network／仮想プライベートネットワーク）でXにアクセスはできるけれども、VPNを使用することが違法であったり、使用しても限定的なアクセスしかできないようになっています。

ロシアやパキスタンはVPNを使用してXにアクセスすることができています。

マスクとトランプ大統領を引き離すのが目的か

第二次トランプ政権発足が決まる前から、マスクと中国の関係を問題視する報道はあり、大統領選挙後にもよく目にするようになりました。

大手メディアや民主党、民主党を乗っ取っている左翼勢力や既得権益層が、マスクとトランプの協力関係を崩そうと躍起になっているのは、誰の目からも明らかでしょう。マスクと中国の関係を問題視する報道は、トランプ大統領のつながりを弱めることが裏の目的になっているかもしれません。ですから、すべての報道を鵜呑みにするのはよくありませんが、どのような懸念が指摘されているのかまとめます。

「イーロン・マスクは中国にとって、理想的な海外投資家」（2023年5月31日『ロイター』）

「中国への転換はイーロン・マスクを救ったが、縛りつけてもいる」（2024年3月27日『ニューヨークタイムズ』）

「なぜ今マスクは中国が、中国が彼を必要と思っている以上に、必要なのか」（2024年4月30日『ウォールストリートジャーナル』）

「マスクの中国とのつながりは、アメリカ国家安全保障にとって、重大な脅威と上院議員が主張」（2024年11月20日『サウスチャイナモーニングポスト』）

「マスクが中国に必要としているものは何か」（2024年11月22日『ニューヨークタイムズ』）

「どのようにしてマスクがトランプの対中国計画を台無しにし得るのか」（2025年1月24日『ニューズウィーク』）

タイトルだけでは完全にはわからないものもありますが、すべての記事が共通して、マスクと中国の関係性について言及しています。記事公開日を見ると、マスクがトランプ大統領支持を表明する以前から、報道があったことがわかります。

これらの記事で引用されている意見をいくつかまとめてみます。

バイデン政権時の海軍情報局司令官マイク・スタッドマンは、「マスクは中国に妥協し利用された人物であり、中国支持者高官だ」として、中国でビジネスをしている以上、利益相反関係の懸念を指摘しています。また、先述したようにマスクが台湾を中国の一部と発言していることに関しても、「マスクは中国共産党の声の延長線上にいるのであり、彼は今、Xでかなり大きな声をもっている」と指摘しています。

アトランティック・カウンシルのシンクタンク、グローバル・チャイナ・ハブ非常勤研究員トゥービア・ゲーリングは、「中国共産党中央統一戦線工作部は一世紀以上にわたって、敵を内部から分断しようとしている」とした上で、「物議を醸すマスクの発言の影響力を認識している彼らは、彼のレトリックをアメリカ社会の亀裂を深め、アメリカの世界的影響力を低下させる手段と見ている可能性がある」と指摘。

リチャード・ブルーメンタール民主党連邦上院議員は、上院司法委員会の公聴会で、

「マスクとスペースXがこのような立場（中国と深い関係）にあることは、国家安全保障に対する重大な脅威で、危険極まりないと思う」と発言し、「こうした広範な経済的結びつきと、それを利用しようとする中国の意欲は危険な組み合わせであり、この国にとっての真のリスクである」とも指摘。

これらの指摘は、民主党系によるマスクに関する警告であり、大統領選挙後のことですから、トランプ・マスクコンビの関係を崩す狙いを含んだ政治的な発言であることは間違いないと思いますが、彼らの主張にも一理あるのではないでしょうか。

警告しているのは民主党だけではない

マスクと中国の関係に懸念を表明しているのは、民主党だけではありません。第一次トランプ政権でホワイトハウス首席戦略官や、大統領補佐官を務めたスティーブ・バノンは、マスクのことを要注意人物と主張しています。

バノンがマスクを積極的に批判するようになったのは、2024年末に共和党内でも意見が割れた、「H－1Bビザ」に関する議論が発端ですが、詳細は第4章で触れます。

バノンは自身のポッドキャスト『ウォールーム』で、「マスクは中国影響力エージェント（工作員）」と批判しています。それだけではなく、イギリスメディア『UnHerd』で、「マスクは寄生虫のような不法移民だ。彼は、国の歴史、価値観、伝統をまったく尊重することなく、自分の異常な実験を押し付け、神のふりをしようとしている」とまで言っています。

CNNのインタビューに応じたバノンは、「あのオリガルヒたち（※）……彼らが今、あなたたちに牙を剥き、急進左派を見捨てたように、彼らも同じように私たちを見捨てるだろう。彼らは権力を求めている。彼らは計算ができる。だから、一時的にだが、私たちの味方になってくれているだけだ」として、いつかマスクがトランプ大統領やMAGA派、共和党を裏切るときが来ると主張しています。

バノンは、「マスクは素晴らしい仕事をしている。私は行政国家の解体を支持しているし、DOGEでやっていることも大賛成だ」と評価しつつ、自身のポッドキャストでは、「DOGEがやっていることは、パフォーマンスのようなところが多く、大胆な政府歳出削減ができていない」と批判しています。

※バノンが「オリガルヒ」と呼んだのは、2024年の選挙前後、トランプ大統領に急接近してきたアマゾン創業者ジェフ・ベゾスやフェイスブックを傘下にもつメタ社CEOマーク・ザッカーバーグらのこと。

第2章で触れたような、DEI予算、USAID予算、教育省予算といった、注目を集めることはしてきているが、満足のいく結果を出していないと指摘しているのです。

バノンのこのような批判に対してマスク本人は、「バノンは口は達者だが、行動力はない。今週、彼は何を成し遂げたのか？　何もしていないじゃないか」とコメントをしている程度で、バノンを追加攻撃することはしていません。

マスクはトランプ共和党を裏切るのか？

トランプ大統領に対する民主党の幼稚な態度

私見ですが、すぐにマスクがトランプ共和党を裏切るようなことはないと思っています。

2024年選挙で、マスクがトランプ大統領を支持した理由は、不法移民問題、自身の子供が犠牲になった過激なLGBTQ思想、連邦政府機関の肥大化、そして国民の自由の制限などが、取り返しのつかないところまできていたからです。

これらの問題は、すべて左翼に乗っ取られている民主党が引き起こした問題です。

では、2024年選挙の敗戦を受け、民主党が何かを学んだかというと、何も変わっていません。象徴的な出来事が執筆段階の3月初旬時点ですでに三つ起きています。

一つ目が、２０２５年3月3日、連邦上院議会で、トランスジェンダー女性（生物学的男性）が女性スポーツに参加することを禁止する法案の採決がされ、賛成51、反対45、欠席４で否決されたことです（正確にはフィリバスター（議事妨害）を終わらせるかの採決）。

民主党議員は全員反対していて、トランスジェンダーの権利推進という名のもと、女性が公平・公正・平等な環境でスポーツに参加する権利を否定したのです。何も学んでいないと言っていいでしょう。

二つ目が、翌4日に連邦議会でトランプ大統領の施政方針演説が行われた際の、民主党議員の態度です。まるで喧嘩している小学生レベルのものだったのですが、そこから見えてくるものがありました。

まず、入場したトランプ大統領に対して、敬意をまったくもっていない態度を見せ、あのＣＮＮでさえ、「適切ではない」と非難するほど。

施政方針演説の最中、２人の人物がトランプ大統領から紹介され注目されました。

13歳のDJダニエル君は、警察官になる夢をもった少年です。2018年、脳腫瘍と診断され、余命5カ月と宣告されましたが、憧れていた警察官になる夢を叶えるため、闘病生活を続けました。今日までに13回の治療を乗り越えて、全米やイタリアなど900以上の法執行機関を訪れ、ダニエル君が目標に立てた、100以上の名誉職員に就任する目標を実現させています。

そんなダニエル君は施政方針演説に招待され、ヒューストン警察の制服を着て傍聴していました。

トランプ大統領は「新人シークレットサービス隊員を紹介する」として、ダニエル君を連邦議会で紹介します。スタンディングオベーションを受けたダニエル君は父に抱きかかえられ、その傍らにはトランプ大統領警護部隊長を長年務め、暗殺未遂現場にもいたシークレットサービス長官ショーン・カランの姿もありました。カラン長官により、ダニエル君はシークレットサービスエージェントを証明するバッチを受け取ります。政治思想関係なしに、がん闘病を続ける少年が紹介されている中、民主党議員で立ちあがったのは両手で数えられる程度の人数だけで、他は着席したまま。

おそらく、こういう人々のことを表現するために「クズ」という言葉が存在しているのだと思います。

ペイトン・マクナブもトランプ大統領に紹介された一人です。

マクナブは高校でバレーボール選手でしたが、とある試合で起きた〝事故〟で、二度とバレーボールができない身体になってしまいました。

2022年の試合で、対戦相手の中にトランスジェンダー女性（生物学的男性）選手がいました。この試合でこの自称女性選手の強烈なスパイクがマクナブの顔面を直撃します。脳しんとう、脳出血を起こし、部分的麻痺と視力低下の後遺症が残ってしまいました。この事故は、民主党が自称女性が女性スポーツでやりたい放題できるようにした結果であり、マクナブは被害者であるといえます。

そんな彼女が紹介されたとき、民主党議員は拍手すらしない始末。議場内にいた医師エイサン・ハイムは民主党議員の後ろにいたため、ダニエル君やマクナブを無視する民主党議員がスマホをいじっていたのが見えていたと明かしています。

これ以外に、トランプ大統領の演説を妨害する行動もあり、2024年選挙結果から何も学んでいない民主党であることを露呈していました。マスクはトランプ大統領の施政方針演説後、２０２６年選挙で共和党が上院議席60確保もできるだろうと発言しています。

三つ目が、民主党全国委員会副委員長です。新たに選出されたデービッド・ホッグは、民主党内でまだ比較的正気を保っている数少ない中道派を不安にさせるほどの左翼活動家です。不法移民取締りをする連邦政府機関の移民関税執行局（ＩＣＥ）の廃止や、警察予算削減の呼びかけをしている、典型的な左翼思想の持ち主。民主党が何も変わっていないことを象徴する人事です。

マスクが民主党支持に戻ることはない

以上のようなことから、元々民主党に投票していたマスクが、民主党に戻ることはあり得ないでしょう。とはいえ、トランプ大統領との関係が長く続かない可能性もあり、ＤＯＧＥを離れるタイミングで、関係性が薄まる可能性はあります。

そうなった場合、ビジネスの世界に戻っても、トランプ大統領や共和党を攻撃するいではなく、共和党潰しのために民主党に肩入れするようなことは、しないのではないでしょうか。

そう考えられる具体的なエピソードとして、イギリスで極右政党とレッテル貼りをされている、リフォームUKとの関係を紹介しておきます。

リフォームUKはナイジェル・ファラージが党首の反移民、反EU、反グローバリズムの政党。元々はブレグジット党として、EU離脱を掲げた活動をしていました。EU離脱が決まった後は活動を休止していましたが、コロナ禍のロックダウン反対を機に、党名をリフォームUKに改称し活動を再開しました。

マスクは2024年12月に資金援助を真剣に検討するほど、単なる支持声明ではなく、本気でリフォームUKの支持をしていました。ところが、活動家のトミー・ロビンソンの扱いをめぐり、党首のファラージと対立。2025年1月に、マスクは「ファラージにリフォームUKを率いる資質はない」として、党首交代を呼びかけるようになりました。それでもリフォームUKへの支持に変わりはないため、仮にトランプ大統領と疎遠になったとしても、民主党支持に転向することはないでしょう。

そもそも、そのようなバッドエンドがないことを願いますが。

第4章

世界各国とマスク

移民と雇用をめぐるトランプとマスク

「イーロン・マスク」のフィルター越しに見る世界

イーロン・マスクに関するニュースが、連日のように流れています。

DOGEによる活動は、左翼活動家や既得権益層からすれば死活問題であり、そういう連中と持ちつ持たれつの関係にある大手メディアとしても、マスク叩きをしたくてたまらないのでしょう。何が何でもマスクとトランプ大統領の関係に亀裂を入れたいという本音が隠しきれていないような報道ばかりです。しかし、はたして本当にマスクとトランプ大統領は、マスクがDOGEの活動から離れた後も良好な関係のままでいられるのでしょうか。

また、アメリカだけでなく、世界でもマスクは攻撃の対象になっています。私の住むカナダでもそうです。

本章では、アメリカ、世界から見て、マスクはどのような活動をしていて、マスクを止めるため、どのようなことが今まで仕掛けられてきたのかを見ていきます。

「イーロン・マスク」というフィルター越しに世界を見ると、国家権力を振りかざす左翼やグローバリストの活動実態が見えてきます。そして、マスクが戦っているものを正確に報じない、日本を含めた大手メディアがいかに偏向していて、必要な情報を報じていないかがわかってきます。

第一次トランプ政権とマスクの関係

2016年の大統領選挙では民主党ヒラリー・クリントンに投票したマスクですが、翌年1月にトランプ大統領就任を控えた2016年12月、企業経営者で構成される大統領諮問委員会のメンバーに選ばれました。トランプ政権とマスクの協力関係は、第一次トランプ政権のときからあったのです。

11月にマスクは、「トランプはおそらく適任ではない、と少し強く思っている」と主張していましたが、12月2日に大統領諮問委員会のメンバーが発表される際に、シリコンバレーからの構成メンバーが少なすぎるという指摘を受け、マスクが選ばれたのだと思われます。

しかし、マスクは2017年6月1日、大統領諮問委員会辞任を発表します。ディズニーCEOのロバート・アイガーも同じく辞任を発表しました。

発端はこの日に発表された「パリ協定脱退」です。

マスクは前日にトランプ大統領と会談し、「パリ協定に残留するよう、できることをすべてやった」と明かし、「パリ協定から脱退するのであれば、大統領諮問委員会を辞める」と通達していたのでした。マスクは「気候変動は本物。パリ協定脱退は、アメリカにとって、世界にとっても良くないことだ」と辞任発表理由に付け加えました。

現在のマスクの気候変動への姿勢は、「気候変動は本物だが、気候変動警告者（グレタのような活動家や政治家）の言うような速度ではなく、もっと緩やかなもの」と、喧伝される環境問題が活動家や政治家によって煽られていることに気づいています。

トランプ大統領にパリ協定残留を訴えたマスクは、第3章で紹介したように、テスラは気候変動ビジネスで儲かっている典型的な企業のため、離脱はビジネスの面から見ても打撃になると考えたのではないでしょうか。

もう一つ、マスクとトランプ大統領で意見が一致していないことがありました。イスラム教国からの渡航禁止措置です。

2017年1月27日、大統領令でイラン、イラク、リビア、ソマリア、スーダン、シリア、イエメンからの入国を禁止し、難民受け入れを120日間停止、シリア難民の受け入れを無期限に禁止する措置や、難民受け入れ上限の引き下げが発表されました。マスクはこのイスラム教国渡航禁止に反対していて、内部から変えると宣言していました。

2月には、ウーバーCEOのトラビス・カラニックがこの入国禁止措置を理由に、大統領諮問委員会を辞退していました。

第二次トランプ政権のマスク

大統領選挙期間中から全力でトランプ支援をしていたマスクは、第一次政権と明らかに違う動きをしています。

２０２５年1月20日、就任式を終えたトランプ大統領は42の大統領令・覚書・宣言に署名し、２００以上の具体的な指示・命令を発出しています。

その中の一つに大統領令１４１６２「国際環境協定におけるアメリカ第一主義」による、パリ協定離脱がありました。選挙演説でも宣言していたことですから、有言実行ということです。マスクはこのパリ協定離脱を理由にして第一次政権から離れましたが、先述のとおり、現在は気候変動詐欺の実態に気づいていますから、このことが障壁になることはなかったのでした。

イスラム教国からの渡航禁止に関しても、執筆段階でレッド・オレンジ・イエローの3種類の渡航禁止・渡航制限リストが報じられていますが、マスクから懸念の声は聞かれません。

マスクが２０２２年中間選挙から共和党支持を公言するようになった一つの理由が、不法移民でした。これはイスラム教国渡航禁止とイコールではありませんが、マスクは不法移民流入の阻止と強制退去に賛同しています。

第一次トランプ政権時にできた溝は、しっかりと埋まっているようです。

第二次政権の閣僚と衝突？

トランプ大統領との関係は良好ではあるけれども、第二次トランプ政権の閣僚との間に溝ができているのではないかという指摘がされています。

こうした報道の前提として、大手メディアはトランプ大統領とマスクの関係を引き裂きたくてたまらないですし、連邦政府機関の中には自分の立場が危ういと感じている人物がいて当然ということがあります。そのため、「関係者の話によると」という報道に、かなりのバイアスや曲解があるかもしれません。

2025年3月7日の『ニューヨークタイムズ』が、マスクと一部閣僚が口論になったと報じました。記事タイトルは「トランプ政権高官がマスクと衝突した爆発的な会議の内側」で、各省庁の長官クラスが参加する閣僚会議で起きたことを、5人の内部関係者の話を基にして報じています。

1回目の閣僚会議は記者を入れて行われましたが、この報道のあった2回目の閣僚会議は非公開でした。

報道によると、マスクはショーン・ダフィー運輸長官、マルコ・ルビオ国務長官と、マスクの主導するDOGEの活動に関して衝突したようです。

ダフィー運輸長官とは大きく分けて二つのことで対立。一つ目は連邦航空局の管制システムに関して、航空機の追跡システムの問題と改善点について応酬があったようです。報道では詳細がわからないのですが、ハワード・ラトニック商務長官がマスクに加勢したということです。

もう一つが連邦航空局の人員削減に関しての意見の対立です。マスクは連邦航空局の人員削減を求めていましたが、ダフィー長官としては人材不足問題があり、人員削減はあり得ないと反論しているのです。

ダフィー運輸長官「DOGEによって、連邦航空局職員の削減が行われようとしているが、航空機衝突事故が起きている最中にすべきことではない」

マスク「それは嘘だ」

ダフィー運輸長官「嘘ではない。私が現場から直接聞いたことだ」

マスク「だったら、解雇された人の名前を挙げてみろ。言ってみろ」
ダフィー運輸長官「ない。なぜならば、私が解雇させなかったからだ」

ここでトランプ大統領が介入し、ダフィー運輸長官に「マサチューセッツ工科大学卒業者のような、優秀な人材を登用するべきだ。航空管制官は才能の高い人物が担うべきだ」と発言して話は終わりました。また、ダフィー運輸長官はマスクの電話番号を受け取り、何か問題が起きたときは直接マスクと話ができるようになっています。

もう一人のマルコ・ルビオ国務長官との衝突も、DOGEの活動に関してでした。マスクはルビオ国務長官に、国務省の人員削減が不十分だと主張。これに対してルビオ国務長官は、「1500人の自主退職では足りないのか。数に入れてくれないのか」と反論。「再雇用して、また解雇すればいいのか」と続けたといいます。

ルビオ国務長官は国務省の再編計画について説明しましたが、マスクは納得していなかったようです。そしてルビオ国務長官に対して、「テレビ向きではあるね」と、皮肉のようなことを言ったようです。

空気が重くなったところで、腕を組んで黙ってやりとりを見ていたトランプ大統領が「ルビオはよくやってくれている」と介入します。

「多くの問題に対応し、いつも出張してくれているのに、テレビ出演もしてくれている。それに国務省の運営もしている。全員が協力すべきだ」とルビオ国務長官を賞賛し、その場を鎮めました。

『ニューヨークタイムズ』によると、ルビオ国務長官は数週間前からマスクへの不満を口にしていたということです。

こうした報道は、あくまでもトランプ大統領とマスクの関係を壊したいメディアの「関係者の話によると」系の、曲解・誇張し放題の環境によるものなので、どこまで本当なのかはわかりません。

『ニューヨークタイムズ』の報道が出てから、トランプ大統領、マスク、ホワイトハウス報道官、各省の報道官が共通して「生産的な会議だった」と声明を出しています。

閣僚会議は仲良しによる褒め合いの場ではないので、意見の対立があって当然です。オバマ政権のころの閣僚会議は「すべてショーだった」とレイ・ラフード運輸長官が証言しています（2015年11月11日『ニューヨークタイムズ』報道）。

バイデン政権に関しては、バイデンが機能不全だったため、妻のジル・バイデンが閣僚会議を運営することもありましたし、バイデンに事前に何を言うのかをまとめ、事前告知するように要求されてもいました（2024年7月11日CNN報道）。

どれが「会議」と呼べるものかは、本書を手に取っている読者の方々でしたら、誰しもがわかるのではないでしょうか。

トランプ大統領の方針に変化？

トランプ大統領は3月8日に、「イーロン（マスク）とマルコ（ルビオ）の関係は最高だ。これ以外のものはすべてフェイクニュースだ」と、トゥルース・ソーシャルへの投稿で言及していますが、マスクとDOGEの活動に関して気になる発言をしています。

トランプ大統領は「次の政府改革フェーズは、『斧』ではなく、『メス』による改革に切り替えていく」と言及しているのです。

「斧」というのは、USAID閉鎖や数万人規模の一斉解雇のような、大胆な行動のことを指しています。一方で「メス」は手術で使われるものということで、繊細な行動を表しています。

各省庁の長官が連邦上院議会で承認されたことで、各省庁の動き方が変わることを理由にしていて、「これからマスクのチーム（DOGE）は助言に徹する」としています。

本当にこの説明のように閣僚人事が一段落したからなのか、それとも、報道のようにルビオ国務長官のような不満をもつ人物を考慮した対応なのか、答えはトランプ大統領本人しかわかりません。しかし、報道のような対立が起きているのではなく、閣僚会議はあくまで意見の相違を議論する、生産的なものだったと願いたいです。

MAGAとの溝

大統領選挙が終わり、サプライズ人事が続々と発表され、MAGA共和党によるアメリカ再生に多くの人々が期待に胸を膨らませているクリスマス、MAGA派の分裂が起きました。

労働ビザ「H－1B」に関して意見が分かれ、トランプ大統領・マスク・ラマスワミとMAGAサポーターの間で、意見の隔たりがあったのです。

ざっくり言うと、トランプ大統領らは「合法的な移民」の推進をすべきと考え、MAGAサポーターでトランプ大統領の熱心な支持者たちは、推進すべきでないと考えています。このことが原因で、スティーブ・バノンがマスクを徹底的に叩くようになったのです。

発端は二つありました。一つ目は、マスクが12月25日に、「合法移民の受け入れを倍にすべき」と投稿、ラマスワミもそれに賛同する投稿をし、「『H－1B』ビザを守るため、戦争する」とマスクが言うほどの事態になりました。

もう一つが、AIに関する大統領シニアアドバイザーに、インド生まれでアメリカに帰化しているスリラム・クリシュナンが指名されたことです。クリシュナンに関してMAGAサポーターが二つの勘違いをしたことで、騒ぎが大きくなりました。

まず、同姓同名の別人が2024年選挙でカマラ・ハリスに政治献金をしていたことで、民主党の工作員と勘違いされてしまったのです。

また、クリシュナンは過去にグリーンカード（アメリカ永住権）の「出身国数制限撤廃」を主張していましたが、これを「受入数制限撤廃」と勘違いした人々が、とんでもない移民推進派がトランプ政権の中に入り込んだと反応してしまったのです。

トランプ大統領は元々「H－1B」ビザ否定派でしたが、今回は推進派に切り替わっています。

「H-1B」ビザとは？

アメリカで合法的に働くための労働ビザの一種が、「H－1B」です。

1990年に移民法が改正され、それまでの無制限から人数制限が設定されました。「ハイスキル人材」を確保するために「H－1B」ビザが新設され、現在は年間8万5000人が上限とされています。大学以上の卒業が申請条件の一つです。

6万5000人は抽選で選ばれ、残りの2万人は大学院卒以上を抽選対象にしています。申請経費に1万ドル程度かかることがあり、ビザの有効期限は基本は3年ですが、6年まで延長することができます。

似たようなビザに「H－2A」（季節農業で制限なし）や、「H－2B」（非大卒・非農業部門で、年間6万6000人の上限）があります。「H－1B」滞在者の2022年度実績は、国別ではインド人が72％で圧倒的。次いで中国人12％、フィリピン人1％と続きます。

「H－1B」ビザの問題点と指摘されていることに、安い労働力確保に使われ、アメリカ人の雇用を奪っている点があります。

特にテック業界で問題視されており、テック企業からすると、海外の有能な人材を確保するために欠かせないビザであり、一方のアメリカ第一主義の観点からすると、有能なアメリカ人材が埋もれる原因になっています。

移民がアメリカ人の雇用を奪っているという例の報道は、オバマ政権のころからあります。

2015年6月3日の『ニューヨークタイムズ』は、まだ左翼思想拡散マシンに成り下がっておらず、絶好調だったころのディズニーが、2014年10月に約250人のアメリカ人を解雇し、外国人に置き換えた問題を報じています。

取材に対し、解雇された人々は「呼ばれたのはボーナスの話だと思った」と言うほど、不意打ちの解雇でした。この解雇された人々は、ディズニーランドのキャストのようなポジションではなく、映画作成にたずさわるような高度人材です。中には解雇通知後3カ月間、自分のポジションを埋める外国人の教育をさせられている人もいました。

こうした事態は他の企業でも起きていて、『ロサンゼルスタイムズ』の2015年2月10日の記事では、電気事業の南カリフォルニアエディソンのアメリカ人解雇と外国人雇用、2019年12月29日の『アクシオス』では、通信大手AT&Tの件が報じられています。

2020年8月には、連邦政府管理の電力会社テネシー・バレー・オーソリティ(TVA)がアメリカ人を解雇し、外国人を雇用しようとしたことを受け、トランプ大統領によって取締役2人が解任され、200人のアメリカ人の雇用が守られています。

第一次トランプ政権で「H-1B」ビザの要件を厳しくしましたが、AT&TやTVAの件でわかるとおり、それでもアメリカ人解雇、外国人雇用が行われる実態に変わりはないのです。

ただ、『ウォールストリートジャーナル』は指摘されているほどの問題は起きていないと主張しています（2024年12月29日）。

「2024年11月時点の米国の失業率は、コンピューターと数学の仕事が2・5％、建築とエンジニアリングが2％」とし、「移民局のデータによると、2023年のコンピューター関連職の『H－1B』ビザ保持者の平均年収は13・2万ドルで、これは安価な労働力の搾取ではない」としているのです。

チームDOGEがトランプを狂わせた？

2016年大統領選挙共和党候補者討論会で、トランプ大統領はビザに関する持論を述べています。

最初は「H－1B」ビザを「私は『H－1B』のファンではない。私は、『H－1B』ビザがアメリカ人の仕事を奪っていくのを目の当たりにしてきた」と非難。

大統領候補だったマルコ・ルビオ（現国務長官）に、トランプ大統領が経営するホテルやゴルフビジネスで外国人労働者を雇用していることを指摘され、「私は（主張を）変える。この国には高度な技術をもった人材が必要だ。この国には絶対に必要だ」

として、「H－1B」とは限定しませんでしたが、ビザの必要性を強調しつつ、不正利用を改善する必要性を訴えました。

トランプ大統領はこのとき、「H－1B」ビザ（ハイスキル人材）と、自分のワイナリーやゴルフ、ホテルで雇用しているような外国人労働者のビザ（「H－2A」「H－2B」ビザ）を混同していましたが、「H－1B」ビザに問題があることは認識しているようでした。

「H－1B」ビザをめぐるマスク・ラマスワミとMAGA派の衝突を受け、『ニューヨークポスト』は2024年12月27日にトランプ大統領に電話取材をしていますが、「私は常にビザに賛成してきた。私の所有地には『H－1B』ビザ保有者がたくさんいる。私は『H1－B』の信奉者であり、何度も利用してきた」と話しています。

2025年1月7日の記者会見では、「このプログラムは素晴らしいものだと思う。私はこれまで、給仕責任者やワインの専門家、質の高いウェイターにこの制度を利用してきた」と回答。明らかに「H－1B」ビザと、「H－2A」「H－2B」ビザを混同しているのですが、そこではなく、「H－1B」ビザに対して、前向きな発言のみになっています。

こうした「H1‐B」ビザ論争に埋もれてしまっていますが、個人的には怖いトランプ大統領の発言があります。

2024年6月20日にポッドキャスト『All-In』に出演したトランプ大統領は、アメリカの大学を卒業したら、自動的に永住権を取得できるようにすべきと発言しました。『All-In』はトランプ大統領の勝利を影で支えた、カリフォルニア州シリコンバレーのデーヴィッド・サックスやチャマス・パリハピティヤが運営しているポッドキャストです。

トランプ大統領は「大学を卒業すれば、卒業証書の一部として、この国に滞在するためのグリーンカードが自動的に発行されるべきだ。短大も含めて、大学を卒業すれば誰でもです」と、とんでもないことを言っています。

この発言の意図としては、卒業生たちは難解な「H‐1B」ビザ申請をしなければ、結局アメリカで働くことができず、多くが祖国のインドや中国に帰ってしまい、アメリカが教育した成果が外国に流出してしまっていることを問題視したものです。

教育には国や州からも資金が出ているわけで、ある意味では未来に向けた投資です。トランプ大統領としては、せっかく投資した成果が、外国に横取りされているように思えているのでしょう。

しかし、カナダではインド人を中心した、架空の大学入学ビジネスが横行していて、永住権取得のための不正の温床になっています。また、大学は中国共産党の工作員侵入ポイントにもなっているため、危険なアイデアだと言わざるを得ません。

では、トランプ大統領がこのアイデアを実行に移すかというと、法整備が必要なため共和党議員が止めると思いますし、大統領副首席補佐官のスティーブン・ミラーあたりが、内部でトランプ大統領を説得してくれるのではないかと期待しています。

「H-1B」ビザ改善方法

マンハッタン研究所特別研究員のダニエル・ディ・マルティーノは、「H-1B」ビザの問題は少しの改善で解決できると指摘しています。

現在の「H-1B」は「抽選方式」で、一種の賭けのようなものになっています。そのため、不正な〝数打ちゃ当たる〟作戦がインドを中心に横行していて、ビジネスになっています。

これを「オークション形式」にするだけで、「H－1B」ビザが目指す「ハイスキル人材の確保」が容易にできるようになります。最も高い金額を提示した企業にビザを発行するようになれば、企業側も不正なビザ取得に加担するメリットがなくなります。

同じようなことはマスクも主張しています。マスクは「H－1B」ビザはアメリカの、特にテック業界成長のために欠かせないものである一方、安い労働力確保に使われていることも問題視しています。おそらくMAGAサポーターからの真っ当な指摘を受け、変化が生まれたのだと思いますが、『H－1B』ビザのシステムは壊れていて、抜本的な改革が必要」と言及しました。

マスクは、給与水準を引き上げ、「H－1B」ビザ維持費を引き上げることで、企業がアメリカ人を雇うより、外国人を雇う方が高くなるようにすればいいと提案しています。

「H－1B」ビザの議論は「アメリカ・ファースト（アメリカ第一）」と「アメリカン・ファースト（アメリカ人第一）」が争点になっています。

マスクらは、アメリカという〝国〟が超大国であることを優先していて、トランプ大統領はこの考え方に基づいています。マスクは「H－1B」ビザをスポーツチームに例え、優秀な人材を集めることの大切さを強調しています。

しかし、この考え方は間違っていると指摘しているのは、MAGA派の人々です。アメリカ人が優先されるべきという考え方に基づいているのですが、もう一つ重要な視点があります。保守系メディア『フェデラリスト』は次のように指摘しています。

「スポーツチームは、共通の目標に焦点を絞った、小さく管理された環境だ。基本的に、チームの全員がまったく同じことを望んでいる。このため、小規模なチーム環境における多様性の副作用を軽減することができる。しかし、このような環境であっても、仲間意識が価値観の共有と常に正の相関関係にあるという現実からは逃れられない」と、移民によるアメリカの価値観への影響が見過ごされている点を指摘しているのです。

2024年大統領選挙は、左傾化した民主党に見切りをつけた中道リベラル派の人々やシリコンバレーの人々も、トランプ大統領の支持に回りました。

その影響が色濃く出ているのが、合法移民問題だと思います。アメリカが未来に負の遺産となるような決断をしないことを願うばかりです。

左翼・民主党とマスク

バイデン民主党によりサミットから排除

「イーロン・マスク」というフィルターを通してアメリカを見ると、国家権力を濫用していた民主党の実態が浮き彫りになります。

『ウォールストリートジャーナル』によると、２０２１年バイデン政権発足後、テスラはバイデン政権に何度も接触し、マスクとバイデンをつなげようと努力していました（２０２４年7月28日報道）。マスク自身もテレビインタビューで、バイデンに投票したこと、これまで民主党候補に投票し続けていることに言及していました。

しかし、２０２１年8月5日に開催されたＥＶサミットに、マスクが招待されることはありませんでした。招待されたのは、『フォード』『ゼネラルモーターズ』『クライスラー』の3社。2021年11月17日にミシガン州デトロイトにあるゼネラルモーターズの電気自動車工場を視察した際に、バイデンは「自動車業界では、デトロイトが電気自動車で世界をリードしている」と言った後、ゼネラルモーターズCEOに対し、「あなたは自動車業界全体を電動化した。私は本気だ。あなたが主導したことが重要なのだ」と賞賛する言葉を送りました。

しかし、電気自動車の全米販売台数の3分の2を占めているのはテスラで、3社は足元にも及ばない規模です。このバイデンの発言があったとき、テスラの2021年第4四半期売上台数は11万5000台であるのに対し、ゼネラルモーターズの電気自動車販売数は26台と、話にならないレベルの差が開いていました。

2022年に別の場でバイデンが同様の発言をしたことを受け、マスクは「バイデンは人間の形をした湿った(靴下の絵文字)人形だ」と投稿し、我慢の限界を迎えたようでした。この投稿はホワイトハウスを動かし、当時のバイデンのシニアアドバイザーがマスクに接触することになるほどでした。

バイデン民主党政権は電気自動車を推進していましたが、これほどまでにテスラを冷遇していた理由は、テスラが労働組合をもっていないためです。全米自動車労働組合は、民主党の重要な支持基盤の一つです。一方、マスクが中国上海にギガファクトリーを建設した理由の一つが、中国には労働組合がないことでした。

このような政治的な理由により冷遇を受けていたマスクですが、民主党政権による「政府の武器化」の被害者でもあります。

「政府の武器化」の被害者

アメリカ民主党は近年では著しい劣化を見せていて、その原因が「政府の武器化」です。

オバマ政権時、司法省と歳入庁（日本の国税庁）が権限を濫用し、草の根活動をしていた保守系団体を標的にした監査と法執行をしました。発覚後、正式に謝罪しています。ちなみにこの保守狩りを司法省で先導していたのが、ジャック・スミス。2022年にバイデン司法省に特別検察官として指名され、トランプ大統領の刑事起訴を2件起こしている人物です。バイデン民主党政権では、ジャック・スミスをはじめとした「司法の武器化」が問題視され、下院議会に政府武器化委員会が設置され、議会権限を使った捜査が行われるほどでした。

拙著『トランプ圧勝』（徳間書店）で紹介した「検閲産業複合体」と呼ばれる、官民一体となった検閲も、政府権力を濫用した武器化と言えるでしょう。

マスクはバイデン民主党政府によって、とてつもない規模の「政府の武器化」に晒されていました。2024年10月20日の『ニューヨークタイムズ』記事が非常にわかりやすかったので、参考資料として次ページに引用します。

これまでマスク率いるテスラは、35万2000ドル規模の政府契約をしています。エネルギー省、国務省、国防総省の3機関からです。

スペースXは図の上から順番に、国務省、商務省、退役軍人省、内務省、国土安全保障省、農務省、運輸省、国防総省の8省に加え、一般調達局、環境保護庁、アメリカ航空宇宙局（NASA）の3独立機関から154億ドル。中でも、国防総省とNASAとの契約が大半を占めています。

スペースXはアメリカ諜報機関の存在自体が機密扱いにされている契約をしていますから、この図では見えていない連邦政府機関とのつながりもあります。

マスクが請け負った政府契約

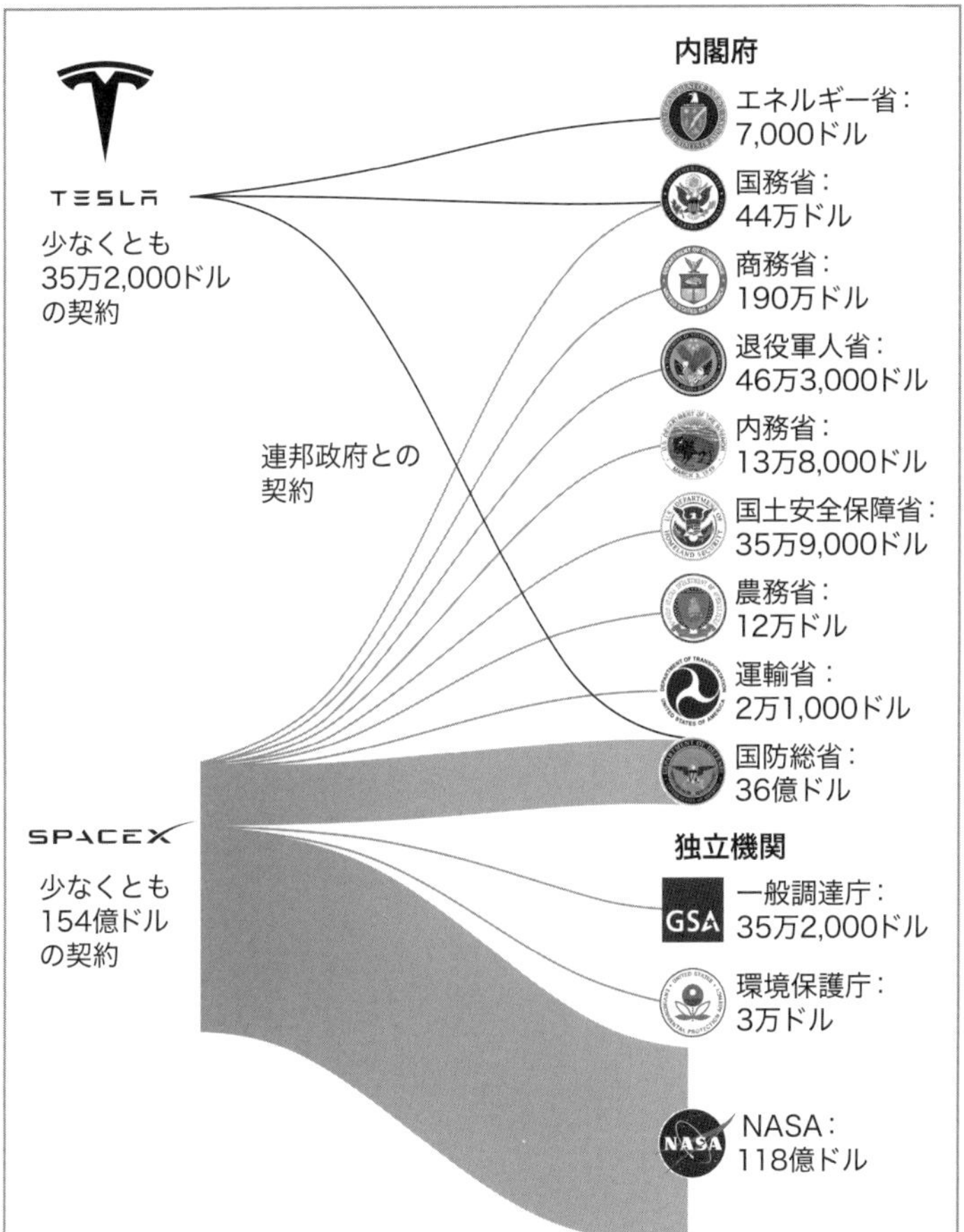

マスクの会社は、2023年だけで17の連邦機関と約100の契約を交わし、30億ドルを約束されている。『ニューヨークタイムズ』（2024年10月20日）の記事を元に作成。

『ウォールストリートジャーナル』の報道によれば、2002年のスペースX立ち上げ直後から、このような諜報機関のための活動をしていて、軍事衛星・スパイ衛星の打ち上げを担っています。たとえば、1992年まで存在自体が機密扱いされ隠されていた、国防総省とCIAの合同機関である国家偵察局はスペースXの顧客の一つです。

2022年2月にロシアがウクライナ侵攻を開始した直後、ウクライナ副首相の要請に応じ、ウクライナへのスターリンクによるインターネットサービスの提供もしています。

こうした国家安全保障に深く関与していることに加え、検閲の厳しいトルクメニスタンのアメリカ領事館のインターネットサービスの提供や、米国林業局のカリフォルニア州での森林火災対応の緊急通信、ハリケーン被災地といったアメリカ国内の災害対応・災害復旧に重要な役割を果たしています。

トンガ沖で発生した巨大津波による災害支援や、オーストラリアの洪水被災地への支援にも使われています。

このようにアメリカ国内外で活躍するマスクの会社ですが、政府機関からの捜査・

マスクの会社が受けた調査と監督

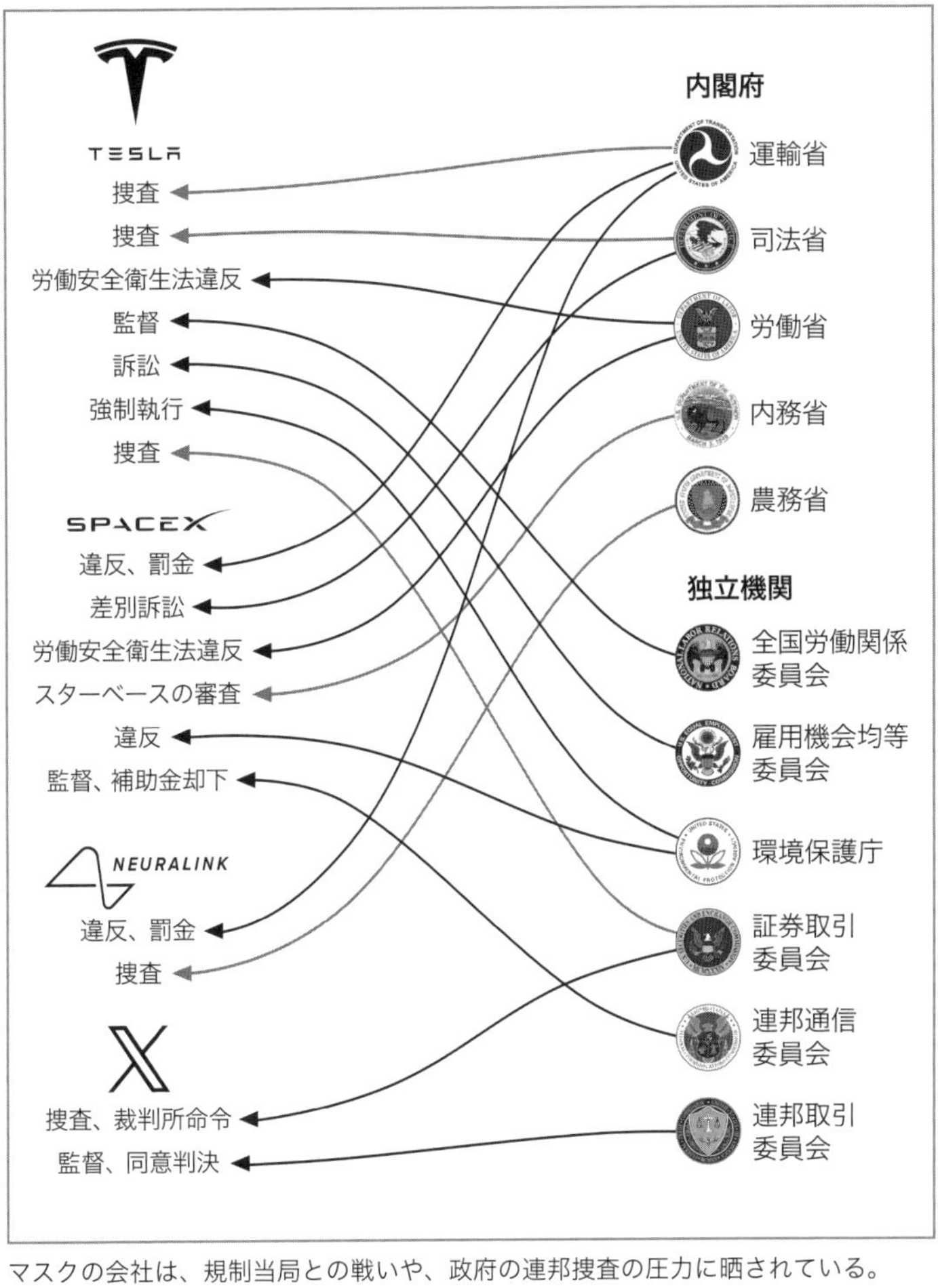

マスクの会社は、規制当局との戦いや、政府の連邦捜査の圧力に晒されている。
『ニューヨークタイムズ』（2024年10月20日）の記事を元に作成。

訴訟・監査・監督をかなりの数受けており、それはバイデン民主党政権で激化しました。

テスラは7機関、スペースXは6機関、ニューラリンクとXは2機関からそれぞれ捜査等を受けています。明らかな法令違反が疑われているものもありますので、すべてが国家権力濫用とは言いませんが、オバマ政権の歳入庁と司法省が結託した保守狩りに近いものを感じるものもあるのです。

2023年8月にバイデン司法省は、「スペースXがアメリカ人とアメリカ永住権保持者しか雇用していない」として提訴、マスクはロケットや軍事活動に使用できる製品を扱うため、政府から特別な許可があった場合を除き、通常の労働ビザ保持者の雇用はできないと反論しました（2025年2月にトランプ司法省は提訴取り下げの申立て）。

国民の安全と幸福のために活動していると思っていたFBIや国土安全保障省、国務省、諜報機関のCIAやNSAが、民間企業や団体と結託することで、税金と国家権力を使った「検閲産業複合体」が形成され、民主党や左翼勢力に敵対する人々を弾圧していた実態を、Xを買収したマスクは旧ツイッターの内部情報から知ることにもなりました。

世界一の大富豪だからこそ知り得た、国家権力の恐ろしさを理解しているのがマスクでもあるのです。

「トランプ」という鉄壁防御

2024年大統領選挙でマスクがトランプ大統領を支持をした理由は、内部から滅びゆくアメリカを守るためでした。

しかし、別の理由もあったのではないでしょうか。

それが、「トランプ」という強力な防御壁による、欧州諸国の「政府の武器化」対策です。

後述しますが、欧州諸国では、言論の自由がなくなりつつある国が増えています。マスクのXは、グローバリストとも呼ばれる人々にとって都合の悪い情報が拡散される、エリート支配層に最悪なプラットフォームです。

コロナ禍を境に「誤情報」という言葉を聞くようになったのではないでしょうか。同時に、「陰謀論」という言葉も聞く機会が増えたと思います。

本当に間違った情報もありますが、権力者側が都合の悪いことを「誤情報」「陰謀論」という言葉で潰そうとしていました。

コロナで言えば、マスクは意味のないものでした。ワクチンはまったく安全なものではありませんでした。ロックダウンは効果があるどころか、逆効果でした。具体例は拙著『裸の共産主義者』(アマゾン)、『トランプ圧勝』(徳間書店)で言及しているので、ここでは割愛します。

マスクやワクチンに効果があったことを〝信じる〟のは勝手です。好きにしてください。数字で効果が出ていない以上、それを押し付けないでいただきたい。

あれだけ国民のほとんどがワクチンを打って、マスクをして、それでも世界最大の感染者数を連日更新していた〝結果〟があるわけです。

そして、現在もコロナウイルスは消えていません(消えるわけがありません)。ですが、世界でマスクを着けている人は、以前と比べると格段に減っていますし、ワクチン接種者の方が数としては少数派になってきています。

ここで指摘したいのが、「誤情報」とか「陰謀論」と言われていた側が主張していたことが正しかったということ。もちろん、5Gがどうのこうの、磁石がなんちゃらというのがありましたので、すべて彼らが正しかったとも言いません。

しかし、ゼロコロナを主張していたような「専門家」を名乗る人々は根本的に間違っていたわけで、彼らの主張が正しいものとされていたことは問題です。

アメリカ、カナダ、ヨーロッパを中心に、このような専門家や政府の意向に沿わない意見は封殺されていましたが、現在も対象が変わっただけで、ヨーロッパでは続いています。後述する「極右思想」です。

ヨーロッパ諸国が加盟するヨーロッパ連合（EU）では、「デジタルサービス法」が2024年2月17日に完全施行されています。

マルグレーテ・ヴェステアー欧州委員会上級副委員長は「EU内のユーザーがアクセスする、すべてのオンラインプラットフォームに適用される。ユーザー、加盟国、プラットフォームはデジタルサービス法に基づくツールを使用して、より安全で透明性の高いオンライン世界を形成できるようになる。これは、EUの基本的な価値観と原則を反映する大きなマイルストーンとなる」。

ティエリー・ブルトンEU域内市場担当委員は「2月17日の時点で、デジタルサービス法はEU内のすべてのオンラインプラットフォームへの適用を開始する。私たちはデジタルサービス法の完全な実施を確実にするために全力を尽くしており、すべての加盟国が新しいルールブックを最大限に活用することを奨励する。国民を違法コンテンツから守り、権利を守るには、効果的な執行が鍵となる」と、それぞれデジタルサービス法施行に合わせた声明を発表しています。

表向きは「安全なネット環境」をEU加盟国の国民に保障することで、そのためのSNSプラットフォームへの責任、EUによる監督、欧州デジタルサービス会議という監視機関の新設が実施されています。違反した場合、最大で売上の6％の罰金を科されます。

真の狙いは先述のとおり、EU権力者にとって不都合なことを「過激思想」「危険な誤情報」とすることで、反対勢力を弾圧・排除することです。EU諸国の検閲実態を知っている人であれば、私が指摘する真の狙いを否定する人はいないでしょう。

バイデン民主党政権は、SNS業界を主導しているアメリカ企業を守ることはせず、むしろ「従わなければ、制裁を科す」というような姿勢で支配しようとしていました。

実例は『ツイッター・ファイル』『フェイスブック・ファイル』『アマゾン・ファイル』『ユーチューブ・ファイル』として、ジャーナリストや連邦下院議会の政府武器化委員会の報告書でまとめられています。それらによると、SNSのアメリカ企業は、バイデンホワイトハウスの高官によってビジネスに打撃を与える規制を受けるか、バイデン民主党に従うかを選べと言わんばかりの恫喝を受けていました（詳細は拙著『トランプ圧勝』（徳間書店）を参照ください）。

2022年にブラジルで左翼政権発足後、Xを標的にした司法権の濫用が起きていて、Xのブラジルでのサービスが一時停止したり、7億円超の罰金支払いを科せられたりとやりたい放題やられていますが、バイデン民主党政権は助けることはありませんでした。

アメリカ・ファーストを掲げるトランプ政権は、アメリカ企業が勝つことを第一に動いています。バイデン民主党政権では、左派勢力はやりたい放題やれていましたが、トランプ大統領の最側近になっているマスクのXやその他のSNS企業に、手出しはしにくくなるでしょう。

メタ社のCEOマーク・ザッカーバーグは、2025年1月10日にジョー・ローガンのポッドキャストに出演し、トランプ大統領による保護を呼びかけました。

メタ社は傘下にもつSNSプラットフォームの一つ、『フェイスブック』に関して、EUの独占禁止法に違反しているとして、2024年11月に7億9772万ユーロの支払い命令と、一部活動の制限を受け、不服申し立てをしています。

トランプ大統領は2024年10月17日に、アップル社のCEOティム・クックから電話を受けています。アップルは3月にEUから18億4000ドルの罰金命令、9月にアイルランドに追徴課税を含めた130億ドルの支払い命令を受けていました。

トランプ大統領は「ティム、私はまず当選しなければならない。しかし、私は彼らに我々（アメリカ）の会社を利用させるつもりはない。そんなことは起こらない」と返答したということです。

執筆段階では、これらのSNS企業とEUの戦いの話題より、関税をどうするのかで揉めていますので、現時点で続報はありません。

2025年1月16日にグーグルは、EUに要求されていた、グーグル検索結果やユーチューブ動画にファクトチェック機能をつけることを拒否すると通達していて、強気な態度に出ていることがうかがえます。

欧州とマスクの関係は？

世界が〝バカ〟を煽るのにマスクを利用している

人間はある一定の〝痛み〟を受けなければ、変わることが難しい生き物だと思います。私自身、2016年アメリカ大統領選挙の結果を勤務先で知り、生徒と一緒に「トランプが勝ってしまった。世界は滅びる」と大騒ぎしていました。

このような考え方は、2020年夏ころまで持ち続けていて、根拠なく「トランプ＝悪」という思想に染まっていました。テレビや大手メディアの報道を鵜呑みにしていた私は、何も考えずに情報をそのまま受け取る思考回路をしていました。

自分で情報を得るようになったところ、トランプ大統領に関する見方が変わり、これは私にとって「今まで騙されていた」という悔しさや罪悪感として〝痛み〟に変わっていきました。

それ以来、自分で積極的に情報を得るようになり、情報発信をするようになり、このような書籍執筆という貴重な機会をいただくことができています。

私はそのような、物事を知っている、理解している風の〝バカ〟だったわけですが、同じような人は世界に多くいます。

そこを権力者は上手く利用しています。

「トランプ＝悪」や「マスク＝悪」という構図をつくり上げることで、権力者にとって都合の悪いことを聞く価値のないものとし、国民を管理しやすくしています。

具体例としては、イスラム教圏からの移民・難民によるテロ攻撃を含めた凶悪事件が欧州で多発しています。これらの人々が治安だけでなく、社会保障負担にもなっています。根拠ある数字で出てきていることですが、この現実を口にすると、「極右によるヘイトスピーチ」とされています。

第二次世界大戦の後遺症と言ってもいいかもしれませんが、極右という言葉を聞くと、とてつもない凶悪な思想というイメージがあります。

そして、この彼らの言う「ヘイトスピーチ」を拡散しないよう、ＳＮＳプラットフォームにはヘイトスピーチの規制や監視と称した検閲を要求します。

こうした動きは、実際は権力者によって引き起こされた社会問題を直視させないためのものであり、「言論の自由」の侵害に他なりませんが、多くの人は「イーロン・マスク」というフィルターによって、現実を直視することができなくされています。

どのような問題をヨーロッパが隠そうとしているのか、「イーロン・マスク」フィルター越しに見ていきましょう。

マスクが支持する人の共通点

マスクは2024年大統領選挙でトランプ大統領の全面支持だけでなく、ヨーロッパやカナダの政治家の支持も表明しています。

それぞれの国の権力者たちが発狂しているのですが、マスクが支持する政治家に共通点があります。過剰な移民の受け入れに反対、ウクライナ支援継続に反対、言論の自由の支持、過激なLGBTQ思想に反対を掲げている政治家たちです。「極右」というレッテルが貼られていることも共通しています。

「極右」という言葉を辞書で引いてみますと、「極端な右翼思想。また、その思想をもつ人」（デジタル大辞泉）とあります。

「右翼」という言葉を辞書で引いてみますと、「《フランス革命当時、議会で議長席から見て右方に穏和派のジロンド派が席を占めていたところから》保守的または国粋的な思想、立場の一派。また、その者」とあります。

「保守」という言葉を辞書で引いてみますと、「旧来の風習・伝統・考え方などを重んじて守っていこうとすること。また、その立場」とあります。

「国粋」という言葉を辞書で引いてみますと、「その国の国民性または国土の特徴となる長所や美点」とあります。

果たしてヨーロッパで極右と呼ばれている人々は、本当に極右の定義に当てはまるのでしょうか？　右翼・保守・国粋主義者の枠を飛び越えていないのではないでしょうか。

本書を手に取っている方の多くは、現代の極右の使われ方が、辞書の定義に当てはまっていないと感じているのではないでしょうか。

そのことに多くの人が気づいてしまわないよう、マスクやトランプ大統領は印象操作に利用されています。

ヨーロッパの現状

アメリカでは不法移民が問題になっていますが、ヨーロッパでは合法移民も含めた移民問題が起きています。移民による経済的負担の増加が社会問題になっているのです。

イギリスの国家統計局のデータによると、168万人の移民が失業していて、社会保障費は85億ポンドに上るとされています。

ドイツは社会保障の6割が移民に使われていて、ドイツメディア『NIUS』によると、社会保障対象者の62・6％が移民、受給年齢15歳〜25歳では71・3％が移民です。2023年だけで、ドイツでは移民支援に360億ユーロが使われているのです。

イギリスの『政策研究センター』の報告書は、「不法移民以上に合法移民が問題」と指摘しています。2022年には不法移民4・6万人に対し、25倍の120万人の合法移民を受け入れました。「人口増加は経済発展の原動力」と言われますが、実際は移民を受け入れるほど、イギリスのＧＤＰは下がっているのです。

その原因は中東やアフリカのような、ＥＵ域外かつ非ＯＥＣＤ（経済協力開発機構）出身者です。公営住宅利用者が圧倒的に多く、就業率も低く、政府補助に頼ってばかりで生産性がないのです。

カナダは大量の移民を受け入れることによる、アフリカ並みの人口増加率を維持していますが、ＧＤＰは下がっています。たとえば、２０２３年に約１２７万人の人口増加がありましたが、純粋なカナダ人の増加は２％程度

カナダの人口と1人当たりGDPの推移

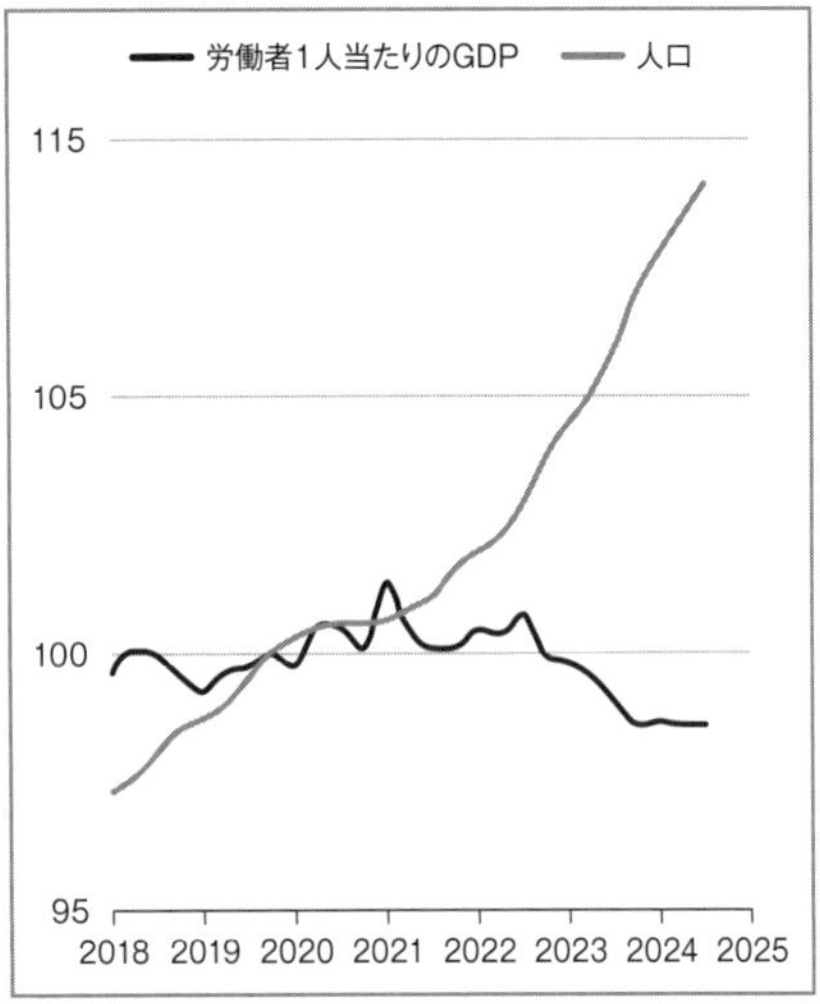

カナダは移民受け入れにより人口は爆発的に増えているが、労働者1人当たりのGDPは下がり続けている（2019年の第4四半期を100として計算）。OECDの資料を元に作成。

で、98％は移民によるもの。前ページ下のグラフでわかるように、国力の増大にはつながっていないのです。

２０２１年のデンマーク財務省の報告でも、同様のことが指摘されています。

２０１８年の移民にかかったコストは42億ユーロ。医療・教育・保育・文化と、その他の社会保障の費用を合わせた数字です。ＭＥＮＡＰＴ（中東・北アフリカ・パキスタン・トルコ）出身者は非西側諸国の半分を占めますが、かかったコストは社会保障費用の76％を占めていました。

西側諸国出身移民の１人当たりのコストは５７３ユーロであるのに対し、非西側諸国出身移民のコストは１万１２５０ユーロと、約20倍も負担になっているのです。

オランダのアムステルダム大学は、１９９５年〜２０１９年の25年間の移民にかかったコストを分析した報告書を公開し、「移民による急激な人口増加は、住宅・学校・医療・インフラに圧力を与えている」と結論付けています。

オランダでは25年間で移民に４０００億ユーロを支出し、年間平均１７０億ユーロ、最高が2016年の320億ユーロで、オランダ国民向けの教育予算とほぼ同額が移民に使われていました。デンマークの報告と同じく、「非西側諸国の移民は、経済的な貢献をすることはなく、政府援助（税金）を多く受け取っている」と指摘されています。

移民問題は治安問題にも直結しています。

みなさんは、北欧スウェーデンという国にどのようなイメージをもっているでしょうか？　教育水準が高く、美しい自然がある国というイメージが強いのではないでしょうか？

しかし、現在のスウェーデンは爆弾事件の多い国になってしまっています。そのすべてが移民が原因というわけではありませんが、若者のギャングによる犯罪が横行し、イランがギャングを使って犯罪行為をさせていることも明らかになっています。2024年だけで317件の爆弾事件があり、2025年は1月27日までに27件と、単純計算で毎日どこかしらで爆発事件が起きているのです。

2023年10月3日に『ポリティコ』は「スウェーデンの新常識：平日の夜に郊外で起こる爆弾テロ」と題した記事を出しているほどです。

『タイムズ・オブ・イスラエル』は２０２５年２月７日記事で、「イランがスウェーデンの移民コミュニティで勧誘をしている」と報じています。

ドイツとマスク

２０２５年２月23日、ドイツ議会選挙が行われ、中道右派「キリスト教民主・社会同盟（ＣＤＵ・ＣＳＵ）」が得票率28・６％で、第１党に返り咲きました。

選挙結果で最も注目されたのは政権交代でなく、第２党にまで勢力を伸ばした「ドイツのための選択肢」（ＡｆＤ）です。極右政党と呼ばれるＡｆＤは、20％を超える得票率で、当時の首相オラフ・ショルツ率いる中道左派・社会民主党（ＳＰＤ）は16・４％で３位になり、過去最悪の選挙結果でした。

マスクは極右政党とレッテルを貼られているＡｆＤの支持を表明、「ドイツを唯一救うことができる」とまで主張しています。

選挙に勝利したことで次期首相に決まったフリードリッヒ・メルツは、選挙前にマスクについて言及しています。

マスクがＡｆＤ支持を表明していることに関して、「政治的な対応か、法的な対応か、選挙戦が終わったら冷静に分析したい」とし、「選挙運動の支援だ。調査する必要がある。欧州外からこのような形で国政選挙に介入するという事実は新しい」と『ウォールストリートジャーナル』の取材に応じました。

また、テスラがベルリン近郊に欧州唯一のギガファクトリーをもっていることに関して、「私は今のところ、意図的に影響があるかどうかをオープンにしておく」と、マスクに選挙に介入しないよう釘をさしていました。

ＡｆＤの勢力拡大は、メルツを含め権力者層を震えさせました。

２０２５年1月9日、マスクはアリス・ワイデルＡｆＤ共同党首とXで70分間以上にわたる対談を実施。1月25日には、マスクはＡｆＤの大規模選挙集会にサプライズでオンライン参加しています。

マスクはこの集会で、「ドイツの文化や価値観を誇りに思うのは良いことであり、すべてを希薄化するような多文化主義の中でそれを失ってはならない」と呼びかけ、「この選挙には文明の未来がかかっている。ＡｆＤにとても期待している。あなたたちは、ドイツの未来にとって最良の希望だ」と、投票を呼びかけました。

ＡｆＤと連立を組むことはどこの政党も拒否しているため、単独過半数をとらない限り、ＡｆＤが政権に就くことは不可能でしたが、前回選挙と比較して得票率は10・4％から20・8％に倍増。議席は69議席増の152議席と、全政党でダントツの急伸を見せました。

マスクがＡｆＤ支持を表明した理由の一つが、ドイツの抱える「移民問題」です。先述したとおり、移民による社会保障負担が増えていることに加え、治安悪化につながっています。移民問題は、今回の選挙の主要争点の一つでした。

ただ、ドイツの『インフォ・インスティテュート』が2025年2月18日に発表した報告書によると、「移民と犯罪に相関関係はない」とされています。この報告書を引用したドイツメディア『ＤＷ』は、「ドイツのトップクラスの経済政策研究所による新しい研究は、学術的なコンセンサスを確認した。移民の増加と犯罪の増加には相関関係はない」と報じました。

私はドイツ語がわからないので、報告書の内容を理解することはできませんが、この報告書とは真逆のことが多く報じられています。

ドイツ内務省が公表した2023年の犯罪統計によると、224万6000人の犯罪容疑者がドイツ国内に存在します。このうち、ドイツ国籍をもたない外国人の割合は41％でした。ドイツ人口に占める外国人の割合は15％ですから、どう考えても異常値です。2022年と比較して、犯罪容疑者に占める外国人の割合は7・3％増加しています。

また、ドイツ政府は積極的に移民にドイツ国籍を付与していますが、「ドイツ人」というカテゴリを、ドイツ生まれのドイツ人と外国生まれのドイツ人に分けていません。そのため、移民による問題の実態は把握しにくいのです。

しかし、細かい犯罪状況を見てみると、移民問題を軽視していることが問題なのがわかります。緑の党は、2024年11月にドイツ首都ベルリンの列車に女性専用車両設置を呼びかけました。背景にあるのが、駅・列車内での性犯罪です。2024年1月～6月の半年だけで、1125件の性犯罪通報があり、2019年通年の1184件を、半年で超えようとしていたのです。

ドイツメディア『NIUS』が入手した警察内部データによると、性犯罪の59％が外国人によって起こされたものでした。先述しましたが、ドイツ人口に占める外国人の割合は15％程度です。

ドイツ連邦銀行や国内の大手銀行の本店、証券取引所、外資系金融機関が軒を連ねる欧州随一の金融都市であり、ドイツの主要な空港を抱えるフランクフルトは、外国人による犯罪の影響をモロに受けている都市です。

フランクフルトで発生した全犯罪に占める外国人の割合は57・4％でした（2024年3月27日『リミックス』報道）。

詳細は左記のとおりです。

・殺人事件の54％
・過失致死事件の64・8％
・レイプ事件の64・1％
・性的ハラスメントの64・4％
・未成年者への性的暴行の57・1％
・性的恐喝事件の62・5％
・性的人身売買（強制売春）事件の83・3％

・強盗の65・5％
・加重強盗事件の75・6％
・自動車窃盗事件の93％
・ハンドバッグ窃盗事件の87・5％
・スリ事件の93％
・凶悪強盗事件の87・5％
・昼間強盗事件の80％
・路上窃盗事件の72・9％
・紙幣偽造事件の75％

これらが犯罪に占める外国人の割合です。フランクフルトはドイツ国内でも外国人の割合が多い地域のため、ドイツ他地域と比べて数字が大きくなって当然かもしれませんが、異常な数字であると言えるでしょう。

ドイツ警察労働組合のマヌエル・オスターマン委員長は、「私たちの国は変わってしまった。ポジティブなことは何もない。ドイツはもはや安全な国ではない。ナイフ犯罪の大問題がある。移民の危機は、何よりもまず犯罪の危機なのだ」と話しています。

さらに「ドイツに住む人々の生命と身体に対する最大の危険は、明らかにイスラム教徒によってもたらされている。この現実はもはや無視することもタブー視することもできない。今こそ現実を認識し、まさにこの安全保障政策の狂気と闘う憲法上の明確な対策を実行に移すときだ」とも付け加えています。

10万人以上の警察官を抱える、ドイツで2番目の規模の警察組合を率いる人物の言葉です。

ネットで「ドイツ　テロ」「ドイツ　ナイフ」「ドイツ　自動車　群集」といった検索をすると、一般人や警察を標的にしたテロ事件や凶悪事件の報道を、日本語でも簡単に見つけることができるはずです。

マスクが警告しているのは、この事実から目を背けている人々によって、欧州最大の経済大国が内側から滅ぼされようとしている危機的状況があるからです。

もちろん、ドイツは欧州で唯一テスラのギガファクトリーがある場所でもあるので、マスクにとって、ドイツ崩壊は他人事ではないこともあるでしょうし、従業員を守るためにも必要なことでもあります。

移民問題以外に、過激なＬＧＢＴＱ思想浸透、気候変動詐欺、ＥＵ離脱、ウクライナ支援継続の是非と、選挙争点は幅広くありましたが、ここでは割愛します。

マスクはグローバリストによってドイツが壊され、全体主義体制に先祖返りしようとしている現状を見過ごすことができず、批判を受けつつＡｆＤ支援をしたのでした。

ルーマニアとマスク

ルーマニアは１９４７年に共産主義国家になり、１９８９年に民主化したＥＵ加盟国であり、ＮＡＴＯ加盟国の一つです。

ルーマニア外務大臣エミール・フレゼアヌは２０２５年2月22日、テレビインタビューでイーロン・マスクに関して、「他国の内政選挙への干渉の一形態」と批判しました。

しかし、マスクだけでなく、バンス副大統領もルーマニアに懸念を表明しています。ルーマニアも共産主義体制に先祖返りしている国の一つです。

事の発端は２０２４年大統領選挙。11月24日に実施された大統領選挙で勝利したのが、カリン・ジョルジェスク候補でした。

ジョルジェスクが約23％の得票率、2位と3位がたったの1500票差でそれぞれ19％の得票率。ルーマニアでは、得票率50％超の候補がいない場合、上位2候補による決選投票になり、ジョルジェスクは12月8日の決選投票に臨むはずでした。

ところが、12月6日、ルーマニア憲法裁判所が選挙結果の無効宣言をします。その理由の一つが、12月4日に諜報機関が明らかにした、ロシアの影響力工作の可能性があったため。この諜報機関による機密解除日、バイデン民主党政権の国務省は、ロシアの影響力工作の懸念を発表しています。

ジョルジェスクはウクライナ支援継続に反対している候補の一人で、EUに反対していることでも有名です。つまり、権力者層からすると、邪魔でしかない存在。ジョルジェスクのような人物が大統領になろうものなら、ルーマニアのみならず他国にも脱EUの動きが出たり、「ロシア＝悪」という共通認識が崩れる恐れがあるのです。

そのため、権力者たちはジョルジェスクに極右候補というレッテルを貼り、ロシアと中国の影響下にある人物とすることで、排除しようとしているのです。

大統領選挙結果が無効にされたため、2025年5月4日に大統領選挙のやり直しが決まりました。

2月26日、ジョルジェスクは大統領選挙出馬申請の直前に拘束されます。後に6つの罪で起訴されますが、それらは「憲法秩序に反する行為の扇動」「虚偽情報の流布」「偽証」「ファシスト的、人種差別的、または排外主義的な性格をもつ組織の発足または設立」「ジェノサイドや戦争犯罪者のカルト化の推進」「反ユダヤ主義的組織の結成または設立」です。

言いがかりのようなもので、通常の思考回路であれば、大統領選挙出馬を阻止することが目的にしか見えないものでした。

ところで、ジョルジェスクの大統領選挙勝利は、一見すると不審なところがあります。選挙1カ月前まで、ジョルジェスクの支持率は1ケタ台で、決選投票に残ることも不可能な状況でした。ところが、最後の1カ月で急激に支持を伸ばし、20％超の得票率になったのです。

ジョルジェスクは中国影響力工作手段で有名なＳＮＳアプリＴｉｋＴｏｋを中心にした活動をしていました。ジョルジェスクを拡散していたのがロシア工作員なのではないか、というのがジョルジェスク急伸を怪しむ人々の主張です。

しかし、たかが数億円程度の資金で、そこまで民意を動かせるわけがありません。

２０２４年10月8日、ルーマニア憲法裁判所は、極右候補と呼ばれているダイアナ・イオバノビチ・ソソアカの出馬を認めない命令を出しました。彼女もウクライナ支援継続に反対、親露、反ＥＵの姿勢で、夏に行われたＥＵ議会選挙で勝利していました。

これはジョルジェスクの支持率が急伸したタイミングと一致しますので、ソソアカを排除した結果、権力者たちが極右とレッテル貼りをして恐れる人々がジョルジェスクの下で結束することになり、ジョルジェスク勝利につながったと考えるべきでしょう。

つまり、権力者たちは自分で墓穴を掘ってしまい、どうしようもない状態になったので、選挙を無効にするという暴挙に出るしか方法はなかったわけです。

２０２５年3月9日、ルーマニア中央選挙局はジョルジェスクの出馬禁止を発表しています。

大統領選挙結果が無効にされて以降のルーマニア世論調査を見てみると、海外影響力工作もマスクによる影響も、まったく関係ないことがわかります。

どの世論調査結果を見ても、ジョルジェスク支持率が35％～50％で、ぶっちぎりの

1位です。大統領選挙後の騒動を受け、先祖返りしている危機を実感している人が増えているのではないでしょうか。

ルーマニアというあまり馴染みのない国ですが、マスクフィルター越しに、とんでもないことが起きていることがわかる一例です。

イギリスとマスク

『共同通信』の2025年1月9日記事に、マスクがイギリスの政権交代を狙っていることが報じられました。

「英紙フィナンシャル・タイムズは9日、トランプ次期米政権で要職に就く実業家イーロン・マスク氏がスターマー英首相の交代を画策していると報じた。10年以上前の検事総長時代の捜査不備を理由としている。次期総選挙前に、右派ポピュリスト政党の支持を高めて与党を弱体化させ、解任に追い込む狙いという」（中略）「英メディアによると、スターマー氏はマスク氏を名指ししなかったものの『嘘や偽情報を拡散する人たちは、被害者のことはどうでもよく、目立ちたいだけだ』と指摘。自身は容疑者起訴に真剣に取り組んだと訴えた」

スターマー首相は２００８年～２０１３年までイギリスの検察庁、公訴局（ＣＰＳ）のトップでしたが、パキスタン系男性を中心とした組織的な児童性的虐待スキャンダルを隠蔽していたのではないかという疑惑があり、このことをマスクが徹底追及すべきと主張しているのです。

マスクがイギリス選挙でスターマー政権を倒すための介入をしているような報道ですが、実はスターマー政権の方が先にアメリカ大統領選挙に介入していました。

２０２４年10月16日、イギリス労働党オペレーション部門トップのソフィア・パテルが「約１００人の労働党スタッフを選挙日まで、アメリカの激戦州に送り、カマラ・ハリス（民主党）支援をする」とＳＮＳに投稿していました。８月２日に労働党スタッフにハリス応援団の募集メールが送られていて、ネバダ・ノースカロライナ・ペンシルベニア・バージニア州という、選挙結果を左右する激戦州を中心に活動をしていました。

アメリカの法律では、無償であれば外国人による選挙協力ボランティアは可能ですから、合法ではありますが、民間ではなく、政権与党が行うというのは大問題ではないでしょうか。

イギリスによる選挙干渉はこれが初めてではありません。2016年大統領選挙で、70人の労働党スタッフがヒラリー・クリントン（民主党）応援団として、ノースカロライナ州で活動していたのです。労働党だけでなく、当時の現職保守党議員がニューハンプシャー州でヒラリー応援団として活動していたこともありました。

イギリスがどれだけトランプ大統領を警戒していたかがよくわかります。

このような直接的な選挙干渉をしているイギリスが、マスクの発言にとやかく言う権利はないはずです。

欧州権力者がマスクを嫌う理由

マスクがツイッターを買収したことは、ヨーロッパ権力者層にとって悪夢のようなことでした。

マスクは自身のことを「Free Speech Absolutist（言論の自由絶対主義者）」と呼んでいます。国民を管理したい独裁者気質のある悪い権力者というのは、「言論の自由」を徹底的に潰します。

現在は個人ではなく、グローバリストと呼ばれる人々がこれに当てはまるでしょう。権力者は国民を管理するため、疑問をもたせないことが重要なのです。

権力者層が最も恐れるのが、国民が賢くなり、自分たちで物事を考えるようになることです。これまでは大手メディアで権力者の望む物語を発信させれば、世論誘導はたやすく、国民を思うままに管理することができました。

ところがインターネットとＳＮＳの発達により、大手メディアというプロパガンダマシーンではない場所から情報が得られるようになったことで、自立する国民が増えています。

真実の情報がSNSで拡散する時代

アメリカの例ですが、共和党と民主党のメディア信用度の調査結果によると、政府による言論統制・検閲に反対している共和党支持者のメディア信用度は低く、逆に政府による言論統制・検閲を容認する民主党支持者のメディア信用度は、昔と変わらず高水準にあります。

アメリカではSNSの管理をしたくなるほど、権力者たちが危機感を抱いていることが『メディア・マター』の調査報告で明らかになっていります。これは動画や音声のストリーミングサイト（ユーチューブ・ランブル・スポティフ

アメリカにおけるマスメディアへの信頼度

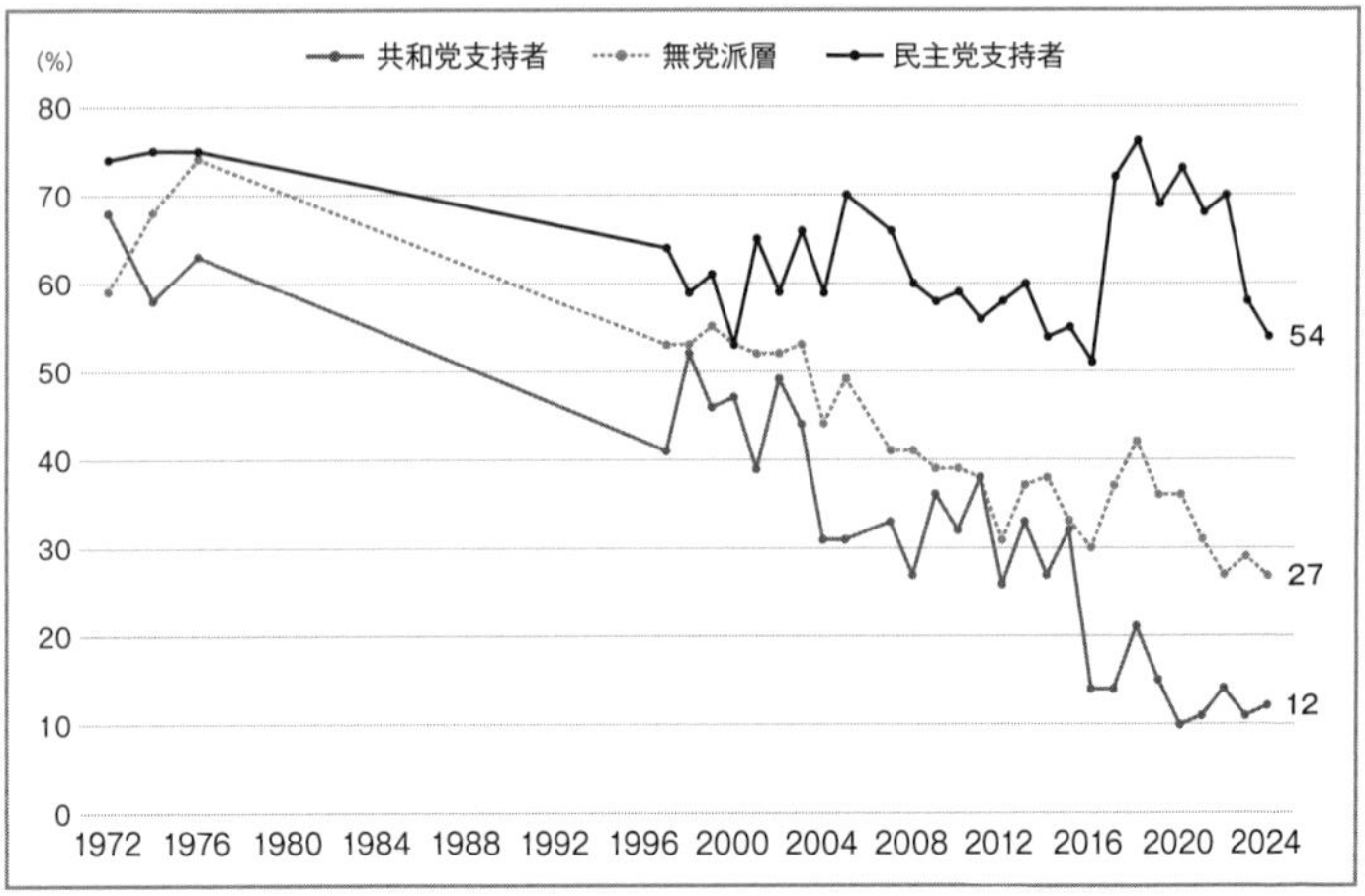

1972年から2024年までのマスメディアに対する信頼度の推移。2024年9月3日～15日に実施された世論調査によると、民主党支持者の54%、無党派層の27%、共和党支持者の12%がマスメディアを「大いに信頼する」または「まあ信頼する」と回答している。『GALLUP』の記事（2024年10月）を元に作成。

アイ・ツウィッチ・キック）と、主に動画拡散に使われているソーシャルメディア（フェイスブック・インスタグラム・ＴｉｋＴｏｋ）の大型アカウントの共和党保守と民主党リベラル率を調査したものです。

３２０のオンラインショーを調査したところ、１９１ショーは共和党保守系を支持する内容、１２９ショーは民主党リベラル系を支持する内容になっていました。

アカウントの規模はまったく違い、共和党保守系が４億８０６０万フォロワーに対し、民主党リベラル系は１億４００万フォロワーでした。

トップ10を比較すると、９ショーは共和党保守系の番組内容で、民主党リベラル系

SNSにおける
共和党保守系と民主党リベラルの支持層

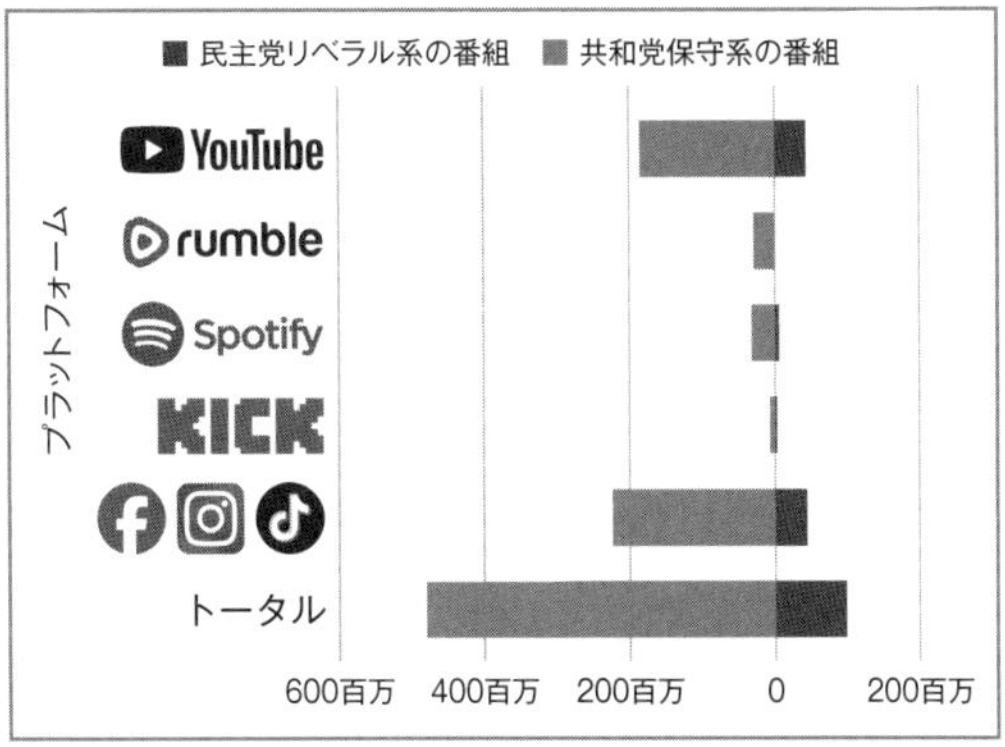

共和党保守系層は、民主党リベラル層よりSNSを積極的に使っている。『メディア・マター』の調査を元に作成。

の番組は6位につけている一つだけ。100万人以上のフォロワーのある番組は共和党保守系が65に対し、民主党リベラル系は21にとどまりました。

ユーチューブの再生回数を比較すると、保守共和党系の内容が650億回再生で、民主党リベラル系の315億回と比較して倍で、さらにランブルには共和党保守系の動画しかなく、約30億回再生が追加されます。

動画の拡散に使われるソーシャルメディアも、共和党保守派のアカウントが圧倒的に多いことがわかりました。権力者層からすると、自分たちの考え方に沿わないことが拡散され続ける環境ができあがっているわけです。

「言論の自由」を掲げながら「言論統制」をする権力者層

近年、どこの国を見ても、権力者の言う「〝極右〟政党」が勢いを増していますが、権力者たちは共通して言論の自由を守ることを方針に掲げています。

一方でドイツもフランスもイギリスも、極右政党とレッテル貼りされた人たちが主張することを「ヘイト」「誤情報」と呼び、「ヘイトや誤情報の蔓延を防ぐため、国民に安全なSNS空間を保障するため」として、言論統制・検閲を推進しています。

ＥＵではデジタルサービス法、アメリカバイデン政権と民主党議員はSNS企業への国家権力を使った恐喝による言論統制・検閲の強制、カナダではトルドー政権によるオンラインストリーミング法、オンラインニュース法と、やり方に多少の差はありますが、先進国と自称している国と地域では、政府による言論統制・検閲の環境整備が進められています。

マスクがツイッターを買収したことによる言論の自由の保障は、歴史の教科書に残るレベルの重大な出来事として、後世に語りつぐべきことだと思います。

本章では「イーロン・マスク」というフィルター越しに見えるアメリカや世界の現状と問題を見ていきました。

書ききれていないこともありますが、これだけでも大手メディアによる報道に頼りきることの限界を十分に知ることができるでしょう。

権力者はあの手この手で私たちを管理しようとしてきています。そのことに気づかれないように、マスクやトランプ大統領のような人々が利用されているのです。

終章 マスクの日本への関心

2022年1月18日、マスクはXへの投稿で、「昨年の日本の出生数は約80万人、平均寿命は85歳（驚くべき高さ！）であり、将来の人口は6800万人にとどまり、現在の1億2600万人からほぼ半減する。ゴーストタウンやゴーストシティがたくさんあることになる」と投稿。

2022年5月7日、マスクはXで「2021年、日本の人口は過去最高の64万4000人減、1億2550万人に」の記事へのコメントで、「当たり前のことを言うようだが、出生率が死亡率を上回るように何かが変わらない限り、日本はいずれ消滅するだろう。これは世界にとって大きな損失である」と発言。

2023年5月1日、Xへの投稿で、「日本では昨年、出生数の2倍の人が死亡した。人口急減。世界の他の地域もこれに続く傾向にある」と、日本の人口減少の記事を引用して投稿。

２０２３年６月30日、Ｘへの投稿で、「すべての経済は、１人当たりの生産性に人口をかけたものだ。日本は人口創出の2倍のペースで人口を減らしている」と投稿。

２０２４年２月29日、日本が過去最低の出生数だったニュースに関してＸへの投稿で、「このままでは日本は消滅してしまう」と投稿。

２０２４年12月24日、ＸのＡＩ『Ｇｒｏｋ』に「Decline of Japan's population last year?（昨年の日本の人口減少は？）」と聞き、「日本の人口は昨年、約86万１０００人減少した」という回答を得たことを引用し、「日本の人口は年間１００万人近く減少している」と投稿。

マスクによる日本の人口減少問題への警告が、何度も投稿されています。

日本は人口減少による労働力補填のため、移民による労働力確保を推進しています。私はカナダから年に2回か3回、日本に一時帰国しているのですが、ありとあらゆる場所で外国人労働者に出会います。

祖父に連れられて行った、そこそこの値段のするカニ料理屋で、担当給仕をしていたのが丁寧な敬語を使える東南アジア系の人で驚いたこともあります。

私は外国人労働者を完全0にすべきとは一切思っていません。それでは〝今現在〟の日本が抱える問題が急激に悪化する懸念があるためです。

しかし、これ以上の拡大をし続けるのは、現在住んでいるカナダを見れば一目瞭然ですが、まったく賛成できないことです。特に、家族帯同の容認や、日本永住権につなげるようなことはしてはならないと考えています。

カナダでは急激な移民受け入れにより、住宅価格が爆騰しています（中国・メキシコカルテルによる、違法薬物取引とマネロン問題も要因の一つですが……）。

また、医療が崩壊していて、救急車で運びこまれて2日以上放置され、死亡してしまったというような例もあります。

何よりも問題なのが、文化です。

マスクは2025年3月1日の投稿で、「移民は何十億もの人口減少を解決することはできない。それは単に物理的に不可能」としつつ、「さらに重要なのは、私たちは独自の文化全体を失ってはならないということ」と指摘しています。

移民国家として成長してきたカナダと違い、単一民族による数千年の歴史のある独立国家として、日本を薄めるようなことがあってはなりません。人間が増えればいいというわけではなく、純日本人が増えなければ意味がありません。

そのために必要なのが、今までにない日本の改革ですが、口だけの日本の与党ではもう駄目でしょう。

ヴィクトル・オルバン首相率いるハンガリーの政策を参考にすべきではないでしょうか。

オルバン政権は、2025年2月22日、子供の数に応じた所得税免除を発表しました。3人以上の子供がいる場合、所得税を生涯免除という大胆な減税政策です。元々、4人以上の子供がいる場合に生涯所得税免除という政策を導入していましたが、拡大することを発表したのです。

対象は段階的にさらに拡大され、3人以上の子供がいる家庭には2025年10月から、2人の子供がいる家庭には2026年1月から、適用されることが発表されています（オルバン政権批判者は、ハンガリーは付加価値税が27％と高税率で、結局は生活が苦しくなっていると主張していますが、ほとんどの食品や日用品は軽減税率の対象で税率は5％ですから、批判は的外れでしょう）。

これくらいの大胆な政策転換をしない限り、日本消滅を止めることはできないでしょう。

わかっていても動けない政治家、わかっていない役に立たない政治家、わかっているけど目先の成果と利益にしか目がないロクでもない政治家、日本を消滅させたい売国政治家。いろいろといると思いますが、信念をもった政治家が生まれ増えることを願ってやみません。

私たち一般人にできることは、日本衰退を止めたいという、同じ信念をもった仲間を増やしていくことです。そのために、少しの思想・方向性の違いを理由にして対立しないよう、視野を広く、大和心をもったつながりが広がることを願っています。

日本だけでなく、世界で何が起きているのかを知らなければ、日本の抱える問題や解決策は見えてきません。本書がその足掛かりに少しでもなれば幸いです。

[著者プロフィール]
やまたつ
1991年生まれ。愛知県出身。カナダ・バンクーバー在住。2017年にカナダに渡り、極北地域のユーコン準州の日本人がひとりだけの小さい村で可愛い猫２匹と生活し、2019年に永住権を取得。日本メディアが伝えないニュースがあまりにも多いことに気づき、日本国民にとってマイナスだと考え、YouTube番組『カナダ人ニュース』を立ち上げ、情報発信を始める。現在登録者数18.7万人。著書に『緊急レポート！謀略と戦争を仕掛け、敗北するアメリカ』（ビジネス社）、『左翼リベラルに破壊され続けるアメリカの現実』『北米からの警告』『日本人が知らない「陰謀論」の裏側』『トランプ圧勝 なぜ米国民は彼を選んだのか』（以上、徳間書店）がある。

YouTube：https://www.youtube.com/@canadiannews_yt
X：@debutanuki_yt
Substack：canadiannews.substack.com

イーロン・マスクの野望　救世主なのか、悪魔なのか

2025年５月11日　第１刷発行

著　者　やまたつ
発行者　唐津　隆
発行所　株式会社ビジネス社
〒162-0805 東京都新宿区矢来町114番地
神楽坂高橋ビル５階
電話 03(5227)1602　FAX 03(5227)1603
https://www.business-sha.co.jp

カバー印刷・本文印刷・製本/半七写真印刷工業株式会社
〈装幀〉谷元将泰
〈本文デザイン・DTP〉関根康弘（T-Borne）〈図版〉瀬川尚志
〈営業担当〉山口健志　〈編集〉山浦秀紀

ISBN978-4-8284-2733-1